Goldmark-Eröffnungsbilanz und Technik der Goldmarkbuchführung

Auf Grund der amtlichen Verordnungen (einschließlich sämtlicher Durchführungsbestimmungen vom 28. März 1924) mit Beispielen für die Praxis dargestellt

von

Dr. Gustav Müller

Handelshochschul-Diplominhaber
Seit 1907 von der Handelskammer zu Magdeburg und für den Landgerichtsbezirk Magdeburg eidlich verpflichteter Büchersachverständiger und Gutachter

Springer-Verlag Berlin Heidelberg GmbH 1924

ISBN 978-3-662-32123-2 ISBN 978-3-662-32950-4 (eBook)
DOI 10.1007/978-3-662-32950-4

Vorwort.

Die vorliegende Schrift ist dazu bestimmt, der Kaufmannschaft über das wirtschaftlich äußerst bedeutungsvolle Thema der Goldmark-Eröffnungsbilanz und der Goldmarkbuchführung die erforderlichen Kenntnisse nach praktischen Gesichtspunkten zu vermitteln.

In Anbetracht der besondern Bedeutung der Durchführungsbestimmungen zur Verordnung über Goldbilanzen durften jene Bestimmungen hier nicht unberücksichtigt bleiben. Leider sind sie bekanntlich sehr spät erschienen und mußten deshalb auf Seiten 35 bis 58 als Anhang verarbeitet werden. Der Anhang ist demgemäß eine sehr wichtige Ergänzung der Schrift.

Mögen die Ausführungen noch zahlreichen Lesern nützlich sein.

Magdeburg, im April 1924.

Der Verfasser.

Inhalts-Verzeichnis.

Einleitung.

Der unerträglich gewordene Verfall der Papiermark während der Herbstmonate des Vorjahrs hat die längst erforderlich gewesene Wiedereinführung wertbeständiger Zahlungsmittel beschleunigt. Im Zusammenhang damit ist man im deutschen Wirtschaftsleben innerhalb weniger Wochen fast allgemein zur Preisberechnung in Goldmark zurückgekehrt.

Solange jedoch auch noch Papiermark als gesetzliches Zahlungsmittel in Umlauf ist, ergeben sich aus diesem währungstechnischen Zwitterzustande nicht zuletzt für die kaufmännische Buchführung und Bilanzierung von Fall zu Fall mehr oder minder beachtenswerte Schwierigkeiten.

Über diese Schwierigkeiten soll in der vorliegenden Schrift das Notwendige und das unter Berücksichtigung der bisher darüber veröffentlichten amtlichen Verordnungen vorerst Mögliche nach praktischen Gesichtspunkten dargelegt werden. Begonnen wird mit der Besprechung der Goldmark-Eröffnungsbilanz.

Goldmark-Eröffnungsbilanz.

Grundlegende Verordnungsvorschriften. Hierüber ist näheres mit der handelsrechtlichen Verordnung über Goldbilanzen vom 28. Dezember 1923 (Reichsgesetzblatt 1923 Nr. 135 S. 1253—1256) bestimmt. Darin heißt es:

§ 2.

Spätestens für den 1. Januar 1924 oder, falls das neue Geschäftsjahr mit einem spätern Zeitpunkt beginnt, für diesen Zeitpunkt sind ein Eröffnungsinventar und eine Eröffnungsbilanz im Sinne des § 39 HGB. in Goldmark aufzustellen.

Für die Genehmigung und Veröffentlichung der Eröffnungsbilanz gelten die für die Jahresbilanzen maßgebenden Bestimmungen. Die im § 260 Abs. 2 HGB. bestimmte Frist beträgt, auch soweit im Gesellschaftsvertrag etwas andres festgesetzt ist, 6 Monate; sie kann durch das Gericht angemessen verlängert werden.

§ 3.

Auf die in Goldmark aufzustellenden Inventare und Bilanzen finden, soweit nicht in dieser Verordnung etwas andres bestimmt ist, die allgemeinen nach dem Gesetz oder der Satzung geltenden Vorschriften Anwendung[1]).

Als Ergänzung der vorstehenden handelsrechtlichen Vorschriften über die Eröffnungsbilanz seien hier noch die steuerrechtlichen Vorschriften in § 34 des Artikels I C. der zweiten Steuernotverordnung vom 19. Dezember 1923 (Reichsgesetzblatt 1923 Nr. 130 S. 1211) mitgeteilt.

§ 34.

Steuerpflichtige, die Handelsbücher nach den Vorschriften des Handelsgesetzbuchs zu führen verpflichtet sind, haben für steuerliche Zwecke auf den 1. Januar 1924 eine Vermögensaufstellung nach Art und Menge (Inventar) zu machen und eine Eröffnungsbilanz in Goldmark aufzustellen. Steuerpflichtige, die regelmäßige jährliche Abschlüsse in der Zeit vom einschließlich 30. Juni bis einschließlich 31. Dezember machen, sind berechtigt, für die Eröffnungsbilanz auf den 1. Januar 1924 das letzte vor diesem Zeitpunkt aufgestellte Inventar zugrunde zu legen; auch bei Zugrundelegung eines solchen Inventars sind die Vermögensgegenstände für die Aufstellung der Eröffnungsbilanz mit dem Werte vom 1. Januar 1924 einzusetzen. Die in der Eröffnungsbilanz angegebenen Werte gelten als Anschaffungswerte bei der Feststellung des steuerbaren Einkommens im Kalenderjahr 1924; sie sind ferner bei der Veranlagung zur Vermögensteuer für das Kalenderjahr 1924 als Mindestbeträge anzusetzen, sofern nicht nach Artikel II dieser Verordnung für die Vermögensteuer eine höhere Bewertung vorzunehmen ist.

Allgemeine Bewertungsvorschriften. Nach § 3 der Verordnung über Goldbilanzen sollen, von einigen noch zu besprechenden Sondervorschriften abgesehen, auf die in Goldmark aufzustellenden Inventare und Bilanzen die allgemeinen, nach dem Gesetz oder der Satzung geltenden Vorschriften Anwendung finden. Demnach sollen auch für die bilanzielle Bewertung, die bei der Aufstellung der Goldmark-Eröffnungsbilanz naturgemäß besonders bedeutsam ist, die handelsgesetzlichen Vorschriften angewendet werden.

Die grundlegende Bewertungsvorschrift ist in § 40 Abs. 2 HGB. enthalten. Danach soll grundsätzlich der Wert, der in dem Zeitpunkt beizulegen ist, für den die Aufstellung stattfindet, bilanziert werden. Das ist, praktisch gesprochen, der Liquidationswert.

Diese Bewertungsvorschrift hat zur Folge, daß unrealisierte Gewinne bilanziert werden, sobald der Preis oder Kurs eines Vermögens-

---

[1]) Die bilanzrechtlichen Vorschriften müssen hier Raummangels halber großenteils als bekannt vorausgesetzt werden. Wer sich eingehend darüber unterrichten will, sei auf das umfangreiche Schrifttum über Bilanzen, darunter auch auf das im Verlage dieser Schrift in neuer Auflage erscheinende Werk des Verfassers über „Die kaufmännische Erfolgsrechnung" verwiesen.

teils am Bilanztage über die Anschaffungs- oder Herstellungskosten hinaus gestiegen ist.

Zwar wird bei diesem Bewertungsverfahren zwischen den Jahren ein Ausgleich insofern herbeigeführt, als der buchmäßige Gewinn für das Nachjahr in dem Maße sinkt, wie der Wert des Bestandvortrags aus dem Vorjahr zu hoch bemessen war. Dieser Umstand ändert aber nichts an der Tatsache, daß unrealisierte Gewinne grundsätzlich nicht in die regelmäßigen Jahresbilanzen gehören. Denn dort können sie Anlaß zu ungerechtfertigter Gewinnverteilung und Besteuerung geben.

Aus diesen Gesichtspunkten heraus ist den Aktiengesellschaften und Kommanditaktiengesellschaften die Bilanzierung unrealisierter Gewinne durch Bestimmung der Anschaffungs- oder Herstellungskosten als Höchstansatz mit § 261 Nr. 1, 2, 3 HGB. einerseits ausdrücklich verboten, um die Verteilung derartiger Gewinne auszuschließen. Anderseits ist den vorbezeichneten Kapitalgesellschaften der bilanzielle Ansatz von Markt- oder Börsenpreisen mit § 261 Nr. 1 HGB. ausdrücklich vorgeschrieben, falls diese am Bilanztage unter den Anschaffungs- oder Herstellungskosten liegen, um unrealisierte Verluste für die Bilanz zu erfassen und den verteilbaren Reingewinn vorsichtshalber entsprechend zu drücken.

Unzweifelhaft genügen diese Bewertungsgrundsätze den an eine gewissenhafte kaufmännische Bilanzierung für die regelmäßigen Jahresbilanzen zu stellenden Anforderungen. Mit § 33a Abs. 1 des Reichseinkommensteuergesetzes sind diese Bewertungsgrundsätze auch einkommensteuerrechtlich für maßgebend erklärt worden. Und zwar nicht allein für Aktiengesellschaften und Kommanditaktiengesellschaften, sondern für sämtliche kaufmännischen Unternehmungsformen. Diese einkommensteuerrechtliche Ausdehnung des Geltungsbereichs der vorstehend besprochenen Bewertungsgrundsätze entspricht deren tatsächlich allgemeinen Anwendung im Wirtschaftsleben. Denn schon früher war es, von den durch die Inflation während der letzten Jahre erzwungenen Abweichungen abgesehen, Grundsatz aller auf sorgfältige Bilanzierung haltenden Unternehmer, die Bewertung für die regelmäßigen Jahresbilanzen nach § 261 Nr. 1 und 2 statt nach § 40 Abs. 2 HGB. vorzunehmen.

Vorübergehende Aufhebung der Bewertungshöchstgrenzen. Nun ist aber mit § 4 der Verordnung über Goldbilanzen das Folgende bestimmt:

§ 4.

Auf die Eröffnungsbilanz einer Aktiengesellschaft oder einer Kommanditgesellschaft auf Aktien finden die Vorschrift des § 261 Nr. 1 HGB., insoweit als sie die Bewertung von Vermögensgegenständen mit einem höhern Werte als dem Anschaffungs- oder Herstellungspreis untersagt, sowie die Vorschriften des § 261 Nr. 2 und 3 HGB. keine Anwendung. Für die Eröffnungsbilanz einer Gesellschaft mit beschränkter Haftung findet die Vorschrift des § 42 Nr. 1 des Gesetzes, betreffend die Gesellschaften mit beschränkter Haftung, keine Anwendung.

Die Vorschriften des Abs. 1 gelten auch für die Eröffnungsbilanz von Unternehmungen, deren Satzung die Anwendung der genannten Bestimmungen vorschreibt.

Übersteigt der in der Eröffnungsbilanz eingestellte Wert der im § 261 Nr. 1, 2 und 3 HGB. sowie im § 42 Nr. 1 des Gesetzes, betreffend die Gesellschaften mit beschränkter Haftung, bezeichneten Gegenstände den Anschaffungs- oder Herstellungspreis, und zwar in den Fällen des § 261 Nr. 3 und des § 42 Nr. 1 vermindert um einen der Abnutzung gleichkommenden Betrag, so ist der Unterschied in der Bilanz gesondert auszuweisen.

Für die Jahresbilanzen gelten die in der Eröffnungsbilanz eingesetzten Werte als Anschaffungs- oder Herstellungspreise im Sinne des § 261 Nr. 1, 2 und 3 HGB. und des § 42 Nr. 1 des Gesetzes, betreffend die Gesellschaften mit beschränkter Haftung. Das gleiche gilt für die im § 333 Abs. 2 HGB. vorgesehene Bilanz.

Zu diesen Bestimmungen vorerst noch einige Ergänzungen:

Aktiengesellschaften und Kommanditaktiengesellschaften sind bei der Aufstellung der Eröffnungsbilanz in Goldmark an die Anschaffungs- oder Herstellungskosten als Höchstgrenze der Bewertung ausnahmsweise nicht gebunden. Auch dann nicht, wenn die Satzungen der Gesellschaft die Bilanzierung nach § 261 Nr. 1, 2, 3 ebenfalls vorgeschrieben haben sollten. Es steht demnach auch den genannten beiden Kapitalgesellschaften frei, die Wertansätze für die Goldmark-Eröffnungsbilanzen nach § 40 Abs. 2 HGB. festzustellen. Dasselbe gilt in bezug auf § 42 Nr. 1 des Gesetzes, betreffend die Gesellschaften mit beschränkter Haftung, auch für diese Kapitalgesellschaft.

Für die künftig in Goldmark aufzustellenden regelmäßigen Jahresschlußbilanzen sollen die in der Goldmark-Eröffnungsbilanz zum Ansatz gebrachten Werte als Anschaffungs- oder Herstellungskosten auch dann gelten, wenn sie in Wirklichkeit solche nicht waren. Hierdurch sollen zu niedrige Wertansätze in der Goldmark-Eröffnungsbilanz offenbar eingeschränkt werden.

Die Bestimmung im Abs. 3 des § 4, wonach der Unterschied zwischen den in der Goldmark-Eröffnungsbilanz zum Ansatz gebrachten Wertbeträgen und den Beträgen der andernfalls nach § 261 Nr. 1, 2, 3 HGB. ansatzpflichtigen niedrigeren Anschaffungs- oder Herstellungskosten von den Kapitalgesellschaften in der Bilanz gesondert ausgewiesen werden soll, ist im Interesse klarer Scheidung zwischen tatsächlichen Kosten und Konjunkturanteil aus verschiedenen Gründen verständlich. Die Durchführung dieser Bestimmung wird aber praktisch vielfach nicht möglich und andernfalls mit sehr zeitraubenden Mehrarbeiten verbunden sein, weshalb auf Milderung oder Aufhebung dieser Vorschrift gehofft wird.

Aus den Bestimmungen des vorbesprochenen § 4 der Verordnung über Goldbilanzen ist im großen und ganzen zu schließen, daß bei der Aufstellung der Goldmark-Eröffnungsbilanz in der Bewertung der Vermögensteile dem Liquidationsstandpunkt des § 40 Abs. 2 HGB. Folge gegeben werden soll.

Aufgehobene Bilanzkontinuität. Die Anschaffungs- oder Herstellungskosten, die bei fortlaufender Bilanzierung in gleicher Währung zweifellos die beste Grundlage für die bilanzmäßige Erfolgsermittlung bilden, sind zur Bewertung bei der Aufstellung einer Eröffnungsbilanz in neuer Währung nicht in dem Maße wie die für den Stichtag der Eröffnungsbilanz selbst gültigen Werte geeignet. Denn die Anschaffungs- oder Herstellungskosten liegen zeitlich mehr oder minder weit zurück und beruhen großenteils noch auf der Papiermarkwirtschaft. Im übrigen ist der Übergang der in der letzten Papiermarkbilanz bilanzierten Vermögenswerte in die Goldmark-Eröffnungsbilanz infolge des Währungswechsels großenteils ohnehin unterbrochen, die Bilanzkontinuität insoweit mithin aufgehoben.

Wechselwirkung zwischen Bewertungshöhe und Erfolgsergebnis. Hierbei muß man sich jedoch noch darüber klar sein: je niedriger die Werte sind, mit denen die einzelnen Vermögensteile in der Goldmark-Eröffnungsbilanz erscheinen, um so höher muß nach buch- und bilanztechnischen Gesetzen der Gewinn auf den Konten der Veräußerungsgegenstände des Betriebskapitals zum Schluß des ersten Goldmarkgeschäftsjahrs ausfallen und um so niedriger die Abschreibung auf den Konten der Teile des Anlagekapitals lauten. Hierfür je ein einfaches Beispiel. Eröffnet man das Warenkonto statt mit 40000 mit nur 30000 Gm., so wird der Bruttogewinn auf diesem Konto zum Jahresschluß um die 10000 Gm. höher als im umgekehrten Fall sein. Bewertet man Maschinen in der Eröffnungsbilanz statt mit 75000 Gm. mit nur 50000 Gm., so kann die prozentuale Abschreibung zum Jahresschluß nur auf einen um 25000 Gm. geringern Betrag bezogen werden.

Unterbewertungen. Obgleich aus dem vorstehend darüber Dargelegten folgt, daß Unterbewertungen in der Goldmark-Eröffnungsbilanz später zu entsprechend höheren Reingewinnen in Goldmark führen, werden Kapitalgesellschaften trotzdem nicht selten Wert darauf legen, auf eine Mark abgeschriebene Teile ihres Anlagekapitals auch in der Goldmark-Eröffnungsbilanz mit nur je 1 Gm. auszuweisen und auch sonstige, nach der Verordnung über Goldbilanzen statthaft erscheinende stille Reserven bei der Neubewertung beizubehalten. Dabei ist aber zu bedenken, daß die Herabsetzung des Eigenkapitals od. dgl.

vielfach in um so größerm Umfang erfolgen müssen wird, je stärker die Posten der Goldmark-Eröffnungsbilanz unterbewertet sind, was wiederum nicht selten die Anfechtung des Umstellungsherganges insbesondre durch Kleinaktionäre zur Folge haben wird[1]).

Möglichkeiten der Bewertung des Anlagekapitals. Im großen und ganzen wird man (gegenteilige Anordnungen in den Durchführungsbestimmungen vorbehalten) bei der Bewertung der Teile des Anlagekapitals für die Goldmark-Eröffnungsbilanz auf dreifache Weise verfahren können:

1. Man läßt Grundstücke, Gebäude, Maschinen, Mobilien usw. unter Berücksichtigung der seit der Anschaffung oder Herstellung zu kürzenden Abschreibungen von Sachverständigen in Goldmark schätzen und bringt die sachverständig begründeten Schätzungswerte zum bilanzmäßigen Ansatz.

2. Oder man geht von den für die in Rede stehenden Vermögensteile buchmäßig vorliegenden Anschaffungs- oder Herstellungskosten, sowohl für die ursprüngliche Anschaffung oder Herstellung, wie auch für die späteren Zugänge aus. Dann hat Umrechnung nach Maßgabe des zur Zeit der Anschaffung oder der Herstellung gültig gewesenen Goldmarkkurses zu erfolgen, und die so in Goldmarkbeträge umgewandelten Anschaffungs- oder Herstellungskosten sind jährlich um die in Goldmark darauf entfallenden Abschreibungen zu mindern. Die in Papiermark vorgenommenen Abschreibungen werden mithin gegenstandslos. Für die bis in die ersten Kriegsjahre hinein angeschafften oder hergestellten Teile des Anlagekapitals könnten bei diesem Verfahren, angemessene Abschreibungen bis dahin vorausgesetzt, die seinerzeit verbliebenen Buchwerte als Ausgangspunkt für weitere regelmäßige Jahresabschreibungen in Goldmark benutzt werden. Überhaupt wäre bei dieser Methode der Wertumwandlung nach Möglichkeit großzügig zu verfahren. Für Werkzeuge wäre der Wert des für den Betrieb benötigten eisernen Bestandes in Goldmark festzustellen. Einer Kürzung dieses Wertes würde es dann nicht bedürfen, wenn die Werkzeuge im eigenen Betriebe dauernd ergänzt und auch sonst in Ordnung gehalten werden.

3. Oder man nimmt grundsätzlich für alle Anschaffungen oder Herstellungen der vorbezeichneten Vermögensteile, soweit diese nicht ohnehin zu Vorkriegspreisen geschehen und gebucht sind, die Vor-

---

[1]) Beiläufig sei hierzu aber bemerkt, daß derartige Unterbewertungen für die ebenfalls in Goldmark aufzustellenden Vermögensteuerbilanzen naturgemäß nicht statthaft sind. Vielmehr sind für die Vermögensteuerbilanzen in Art. II § 3 Abs. 1 Nr. 1 und 2 der zweiten Steuernotverordnung vom 19. Dezember 1923 (RGBl. 1923 Nr. 130 S. 1212) gesetzliche Zwangsvorschriften besondrer Art erlassen, die durch inzwischen bekanntgegebene Durchführungsbestimmungen vom 8. März 1924 ergänzt sind.

kriegspreise zum Ausgangspunkt der Wertansätze und der Abschreibungen in Goldmark.

Kritik dieser Bewertungsverfahren. Zweifellos kann das unter 1 vorstehend erörterte Bewertungsverfahren zu zutreffenden Eröffnungswerten führen, wenn die sachverständige Schätzung zweckentsprechend geschieht. Das zu 2 geschilderte Verfahren der Wertumwandlung würde vielfach zu niedrige Eröffnungswerte zur Folge haben, weil die Anschaffungs- und Herstellungskosten der Markentwertung überwiegend unzureichend gefolgt sind. Aus diesem Gesichtspunkt heraus wäre das zu 3 angegebene Bewertungsverfahren dem zu 2 bezeichneten vorzuziehen, falls die Feststellung der Vorkriegspreise ohne allzu große Schwierigkeiten durchführbar ist. Das Verfahren zu 2 wäre außerdem bei zahlreichen in Betracht kommenden Posten mit entsprechend zeitraubenden Kursfeststellungen und Umrechnungen verbunden.

Beispiel einer Papiermarkbilanz. Nach diesen Vorbemerkungen über die Bewertung der Vermögensteile zur Goldmark-Eröffnungsbilanz soll an Hand des umseitig folgenden Bilanzbeipiels die Umwertung praktisch durchgeführt werden, wobei Pm. für Papiermark und Gm. für Goldmark gesetzt wird.

Bewertung der Posten dieser Bilanz. In der umstehenden Papiermarkbilanz sind Fabrikationsvorräte, die auch für 1922 nach § 33a Abs. 1 Reichseinkommensteuergesetzes statt nach § 33a Abs. 3 angesetzt waren, ferner Effekten und Devisen mit den Anschaffungs- bzw. Herstellungskosten bewertet.

Die sonstigen Teile des Betriebskapitals einschließlich der Schulden bei Lieferanten sind mit den Salden der bezüglichen Hauptbuchkonten zum bilanzmäßigen Ansatz gebracht. Das Bankguthaben stimmt mit dem Saldo des Bankauszugs überein, enthält also bereits sämtliche Zinsen und Spesen zum Bilanztage. Die Forderungen an Kunden sind durchweg einbringlich; sie entstammen, wie die Schulden bei Lieferanten, ausschließlich dem Monat Dezember 1923.

Die zum Anlagekapital gehörigen Vermögensteile sind mit den Bruttosalden der dafür bestehenden Hauptbuchkonten bilanziert. Abschreibungen darauf, auch der Überteuerungskosten auf Neuanschaffungen, sind für 1923 unterblieben, teils, weil diese in Rücksicht auf den wahnwitzigen Verfall der Papiermark einigermaßen zutreffend kaum schätzbar sind, teils, weil eben infolge der Markkatastrophe in 1923 der Bücherabschluß für dieses Geschäftsjahr wirtschaftlich ohnehin nichtssagend und daraufhin auch steuerrechtlich unverwertbar ist. Trotz der aus diesen praktischen Erwägungen verständlichen Unterlassung der Abschreibung bleibt diese Unterlassung, bilanzrechtlich genommen, ein Verstoß gegen die gesetzlichen Bewertungsvorschriften,

Aktiva.	Bilanz in Papiermark
Betriebskapital.	In Millionen
Kassebestand	450618000 Pm.
Bankguthaben	357684000 „
Postscheckguthaben	12975000 „
Forderungen an Kunden	19123765000 „
Effekten	1385972000 „
Devisen	874148000 „
Fabrikationsvorräte	15791356000 „
Anlagekapital.	
Grundstück und Gebäude	2520000000 „
Betriebsmaschinen	16835470000 „
Werkzeuge	1691280000 „
Mobilien und Utensilien	936590000 „
	59979858000 Pm.

die grundsätzlich auch für die Papiermark-Schlußbilanz zum 31. Dezember 1923 Geltung behalten haben.

Auch in bezug auf die Hypothekschuld im Betrage von 420 Billionen Pm. wäre die vorstehende Bilanz unrichtig aufgestellt, falls der Hypothekgläubiger Anspruch auf den diesem Papiermarkbetrage am Entstehungstage, dem 5. November 1923, entsprechenden Betrag von 1000 $ haben sollte. Denn dann wären die 1000 $ zum Bilanztage, der tatsächlichen Kursentwicklung entsprechend, auf den zehnfachen Papiermarkbetrag aufzuwerten. Für die unten folgende Goldmark-Eröffnungsbilanz wird von dieser Annahme ausgegangen.

In diesem Zusammenhang sei übrigens zur Bewertung von Hypothekenschulden und anderen verwandten langfristigen Schulden bemerkt, daß, solange die Frage nach der Aufwertung solcher Schulden im Einzelfall nicht endgültig geregelt ist, der Schuldner gut daran tun wird, den der Aufwertung entsprechenden Goldmarkwert zu bilanzieren, wohingegen der Gläubiger solcher Forderungen sich bis zur endgültigen Feststellung vorsichtigerweise mit der Bilanzierung des ursprünglichen Papiermarkwertes begnügen wird. (Vgl. nunmehr aber die inzwischen veröffentlichten Bestimmungen der dritten Steuernotverordnung vom 14. Februar 1924.)

Umwandlung der Papiermark-Schlußbilanz in die Goldmark-Eröffnungsbilanz. Bei der Umwandlung der vorbesprochenen Papiermark-Schlußbilanz zum 31. Dezember 1923 auf die Goldmark-Eröffnungsbilanz zum 1. Januar 1924 ist folgendermaßen verfahren.

Kassebestand, Bankguthaben und Postscheckguthaben sind auf Grund des amtlichen Berliner Dollar-Mittelkurses vom 31. Dezember 1923 durch Division mit 1 Billion in Goldmark umgerechnet.

zum 31. Dezember 1923. Passiva.

	In Millionen	
Schulden bei Lieferanten	18736032000	Pm.
Hypothekschuld	420000000	„
Reinvermögen	40823826000	„
	59979858000	Pm.

Gleiches gilt für die Forderungen an Kunden und für die Schulden bei Lieferanten. Wären diese Forderungen und Schulden jedoch zu früheren, höherwertigen Papiermarkkursen entstanden und stände der Aufwertung nichts entgegen, so hätte diese nach Maßgabe des Papiermarkkurses am Entstehungstage über Waren- bzw. Fabrikationskonto schon für die Papiermark-Schlußbilanz zum 31. Dezember 1923 zu erfolgen und käme danach durch Division mit 1 Billion auch im Goldmarkbetrage für die Goldmark-Eröffnungsbilanz zum 1. Januar 1924 ordnungsmäßig zum Ausdruck.

Dagegen ist die Bewertung der Effekten und der Fabrikationsvorräte nach den für den 31. Dezember 1923/1. Januar 1924 in Frage kommenden Tageskursen bzw. Herstellungskosten erfolgt. Danach hat sich für die Effekten ein Betrag von 960 Gm., für die Fabrikationsvorräte ein solcher von 22750 Gm. ergeben.

Der für die Fabrikationsvorräte bilanzierte Goldmarkbetrag ist um 2990 Gm. höher als die vergleichshalber in Goldmark umgerechneten Anschaffungs- und Herstellungskosten dieser Vorräte. Würde es sich hier um die Bilanz einer Kapitalgesellschaft handeln, so wäre in Rücksicht auf die Vorschrift des § 4 Abs. 3 der Verordnung über Goldbilanzen der Konjunkturanteil von 2990 Gm. unter den Anschaffungs- und Herstellungskosten der Fabrikationsvorräte in der Vorkolonne der Bilanz gesondert auszuweisen, sofern diese Vorschrift im Hinblick auf die mit ihrer praktischen Befolgung verbundenen Schwierigkeiten mit den Durchführungsbestimmungen nicht gemildert oder aufgehoben wird.

Die fremden Währungsbeträge der Devisen sind nach den zum Bilanztage geltenden amtlichen Berliner Mittelkursen für die Goldmark-Eröffnungsbilanz in Goldmark umgerechnet worden.

Für die Ermittlung der Goldmark-Eröffnungswerte des Anlagekapitals hat die auf S. 6 unter 1 angegebene sachverständige Schätzung mit den für die verschiedenen Gruppen bilanzmäßig angesetzten Gesamtergebnissen stattgefunden.

Die mit 420 Billionen Pm. beim Grundstückskauf Anfang November 1923 entstandene Hypothekschuld entsprach seinerzeit einem Betrage von 4200 Gm. und wird in dieser, Anfang Januar 1924 fest vereinbarten Höhe in der nachstehenden Goldmark-Eröffnungsbilanz erscheinen.

Hiernach hat die Goldmark-Eröffnungsbilanz folgendes Aussehen:

Aktiva.	**Eröffnungsbilanz in Goldmark**	
Betriebskapital.		
Kassebestand	450,62	Gm.
Bankguthaben	357,68	„
Postscheckguthaben	12,97	„
Forderungen an Kunden	19 123,76	„
Effekten	960,—	„
Devisen	4 880,—	„
Fabrikationsvorräte	22 750,—	„
Anlagekapital.		
Grundstück und Gebäude	65 600,—	„
Betriebsmaschinen	27 900,—	„
Werkzeuge	2 500,—	„
Mobilien und Utensilien	2 850,—	„
	147 385,03	Gm.

Wirtschaftliche Ergebnisse dieser Bilanz. Nach der vorstehenden Eröffnungsbilanz ergibt sich für den Unternehmer ein Reinvermögen in Höhe von 124449 Gm. im Vergleich zu einem solchen nach der Bilanz zum 31. Dezember 1923 im Betrage von nur 40 Billiarden 823 Billionen 826 Milliarden Pm.

Ohne weiteres ist ersichtlich, daß dieses wohl weit überdurchschnittlich günstige Ergebnis der Umstellung auf Goldmark überwiegend auf die ganz bedeutende Werterhöhung für Grundstück und Gebäude zurückzuführen ist. Denn Anfang November 1923 haben die Kosten für den käuflichen Erwerb des Grundstücks und der Gebäude in Höhe von 2 Billiarden 520 Billionen Pm. bei dem damaligen Goldmarkkurse 25200 Gm. gegenüber einer fest vereinbarten Hypothekschuld von 4200 Gm. betragen. Aus dem damaligen Aktivsaldo von (25200 ·/· 4200 =) 21000 Gm. sind auf Grund des sachverständigen Schätzungswerts von 65600 Gm. gegenüber der unverändert gebliebenen Hypothekschuld von 4200 Gm. zum 1. Januar 1924 (65600 ·/· 4200 =)

61400 Gm. geworden. Es ist somit aus diesem Erwerb ein tatsächlicher Mehrwert von (61400 ·/· 21000 =) 40400 Gm. entstanden. Dieser für den Erwerber sehr günstige Grundstücks- und Gebäudekauf ist jedoch ein von der Betriebsrentabilität unabhängiger Faktor. Scheidet man das neuerworbene Geschäftsgrundstück samt Gebäuden und der darauf noch lastenden Hypothek aus der vorstehenden Eröffnungsbilanz zum 1. Januar 1924 aus, so bleibt ein Reinvermögen von nur noch (124449 ·/· [65600 ·/· 4200] =) 63049 Gm. — Bedenkt man demgegenüber, daß die Vorkriegsbilanz desselben Unternehmens zum 31. Dezember 1913 bei stark abgeschriebenen Teilen des Anlagekapitals ein

um 1. Januar 1924. Passiva.

Schulden bei Lieferanten	18736,03 Gm.
Hypothekschuld	4200,— „
Reinvermögen	124449,— „
	147385,03 Gm.

Geschäftsvermögen von rund 198000 Gm. ausgewiesen hatte, und daß die Privatentnahmen während der gesamten Zwischenzeit, insbesondre während der Kriegsjahre, durchweg mehr oder weniger unter der Hälfte der bilanzmäßigen Reingewinne gehalten worden waren, so ist daraus leicht zu entnehmen, wie unzureichend die Rentabilität des Unternehmens während der Inflationsjahre tatsächlich gewesen ist. Erschwerend fällt hierbei noch ins Gewicht, daß auch die von dem Unternehmen während des Krieges erzielten Mehrgewinne Opfer der Inflation geworden sind.

Einheitliche Aufstellung der Eröffnungsbilanz und Vermögensteuerbilanz in Goldmark. Ganz allgemein sei zur Bewertung der Vermögensteile für die Goldmark-Eröffnungsbilanzen noch bemerkt, daß nach der Verordnung über Goldbilanzen statthaft erscheint, die zum Bilanztage gültigen Tageswerte (Zeitwerte, gemeine Werte, Markt- oder Börsenpreise u. dgl.) anzusetzen. Dadurch würde zwischen der Goldmark-Eröffnungsbilanz und der nach Artikel II der zweiten Steuernotverordnung ebenfalls in Goldmark aufzustellenden Vermögensteuerbilanz Übereinstimmung erzielt werden können und dann die zur Erfüllung beider Bilanzverordnungen erforderlichen Bewertungen und Berechnungen nur einmal ausgeführt werden brauchen. Selbstverständlich kann diese Vereinfachung der Erfüllung bilanz- und steuerrechtlicher Vorschriften nur in Frage kommen, wenn die Durchführungsbestimmungen zur Verordnung über Goldbilanzen nicht irgendwelche Vorschriften enthalten, die mit den in § 3 der vorerwähnten steuerlichen Verordnung über die Vermögensteuer gegebenen Bewertungsvorschriften und den dazu inzwischen ergangenen Durchführungsbestimmungen nicht vereinbar sind[1]. Nicht minder wichtig für die Frage nach der einheitlichen Aufstellung der Goldmark-Eröffnungsbilanz und der Goldmark-Vermögensteuerbilanz sind die wirtschaftlichen Auswirkungen auf die bilanzpflichtige Unternehmung, die sich aus der Bewertung der Vermögensteile nach vermögensteuerrechtlichen Vorschriften für die Goldmark-Eröffnungsbilanz ergeben.

Reaktivierungen in der Goldmark-Eröffnungsbilanz. Vor dem Stichtage der Goldmark-Eröffnungsbilanz käuflich erworbene, inzwischen jedoch gänzlich abgeschriebene, oder etwa geschenkt erhaltene und von vornherein nicht bilanzierte Vermögensgegenstände sollte man mit den Werten, die ihnen zum Eröffnungsbilanztage noch beizulegen sind, bilanzmäßig wieder aufleben lassen. Nicht allein im Interesse der Bilanzwahrheit, sondern auch, um die betriebliche Entwertung für die Folgejahre ordnungsmäßig abschreiben zu können. Hierbei ist nicht zuletzt auch an käuflich erworbene Firma- und Verlagswerte zu denken, soweit sie am Stichtage der Goldmark-Eröffnungsbilanz in Wirklichkeit noch bilanzfähige Vermögenswerte sind. Rechtliche Voraussetzung für die Neubilanzierung der vorbezeichneten Vermögensteile ist auch hier, daß die Durchführungsbestimmungen zur Goldmark-Eröffnungsbilanz solche Neubewertungen nicht ausschließen.

Reinerfolgsermittlung in Goldmark für 1923. Die Goldmark-Eröffnungsbilanz zum 1. Januar 1924 kann auch zur, wenn auch naturgemäß nur bedingt zuverlässigen Ermittlung des Goldmark-Reinerfolgs aus 1923 Verwendung finden. Dazu ist erforderlich, die Papiermark-

[1]) Steuerlich ist hierzu jedoch zu beachten, daß nach § 34 des Artikels IC. der zweiten Steuernotverordnung (vgl. oben S. 2) die in der Goldmark-Eröffnungsteuerbilanz angesetzten Werte für die Veranlagung zur Vermögensteuer als Mindestwerte anzusetzen sind. Außerdem: infolge zu hoher Eröffnungswerte für 1924 zu stark gedrückte bilanzmäßige Reingewinne können einkommensteuerrechtlich Bücherprüfungen und gewerbesteuerrechtlich Veranlagung nach dem Anlage- und Betriebskapital statt nach dem Ertrage zur Folge haben.

bilanz zum 31. Dezember 1922 (bei vom Kalenderjahr abweichendem Geschäftsjahr die in Frage kommende andre Papiermarkbilanz) nach genau denselben Grundsätzen wie die Papiermarkbilanz zum 31. Dezember 1923 oder zum davon abweichenden Termin in eine Goldmarkbilanz umzuwandeln. Auf Einzelheiten kann in dieser Schrift nicht eingegangen werden. Gesagt sei hierzu nur noch, daß, wie bei der Erfolgsermittlung auf Grund der einfachen Buchführung, die bilanzmäßig ausgewiesenen beiden Reinvermögenssalden einander gegenübergestellt und im Fall des Vermögenszuwachses die Privatentnahmen hinzugeschlagen, etwa geschehene private Kapitalzuführungen vom Vermögenszuwachs dagegen abgezogen werden müssen, um den Reinerfolg zu erhalten. Im Fall der Vermögensminderung umgekehrt.

Aufteilung des bilanzmäßigen Reinvermögens oder der Vermögensunterbilanz unter Komplementaren. Der zum Ausgleich des Unterschiedes zwischen der Gesamtsumme der aktiven Besitzteile und derjenigen der passiven Schulden in die Eröffnungsbilanz einzusetzende Saldo ist im Fall des Überwiegens der Aktivawerte zahlenmäßiger Ausdruck für das Reinvermögen, im Fall des Überwiegens der Passivawerte ein solcher für die Vermögensunterbilanz. Haben, wie bei der offenen Handelsgesellschaft, mehrere persönlich haftende Gesellschafter (Komplementare) Anteil an dem in der Goldmark-Eröffnungsbilanz ausgewiesenen Reinvermögen oder an der Vermögensunterbilanz, so ist dieser Saldo unter den Gesellschaftern nach dem zahlenmäßigen Verhältnis aufzuteilen, das sich aus dem Vergleich ihrer Kapitalsalden in der letzten Papiermarkbilanz ergibt, nachdem die während der Inflationsjahre geschehenen Einlagen, Entnahmen und Gewinnzuführungen entsprechend aufgewertet sind Selbstverständlich nur, falls vertraglich nicht eine andre Art der Aufteilung vereinbart ist. Handelt es sich um eine Kommanditgesellschaft, so gilt auch für die Komplementare dieser Personalgesellschaft das vorstehend über das Aufteilungsverhältnis bei der offenen Handelsgesellschaft Gesagte. Für die Kommanditgesellschaft ist jedoch noch zu betonen, daß die Komplementare das Reinvermögen oder die Vermögensunterbilanz unter sich nicht aufteilen können, bevor die Einlagen der Kommanditisten in Goldmark nicht unbestritten feststehen. Soweit außerdem Hypothekenschulden und andere Darlehnsschulden einschließlich derjenigen bei stillen Gesellschaftern bestehen, ist auch in bezug auf diese die endgültige bilanzmäßige Feststellung des Reinvermögens oder der Vermögensunterbilanz so lange nicht möglich, wie über jene Schulden, unter Berücksichtigung der Bestimmungen der inzwischen veröffentlichten dritten Steuernotverordnung, zwischen den Parteien Einigkeit nicht erzielt ist. Das Letztgesagte gilt für Einzelkaufleute und sämtliche Gesellschaftsformen.

Folgen der bilanzmäßigen Umstellung auf Goldmark.

Besonders wichtige Folgen mehrfacher Art hat die Umstellung auf Goldmarkbilanzierung für die gemäß § 261 Nr. 5 HGB. und § 42 Nr. 4 G. m. b. H.-Gesetzes mit festem Grund- oder Stammkapital (Nominalkapital) arbeitenden Aktiengesellschaften, Kommanditaktiengesellschaften und Gesellschaften mit beschränkter Haftung, die hier kurz als „Kapitalgesellschaften" bezeichnet werden.

Darüber heißt es in der Verordnung über Goldbilanzen:

§ 5.

Übersteigt bei Aktiengesellschaften, Kommanditgesellschaften auf Aktien oder Gesellschaften mit beschränkter Haftung das bei der Aufstellung der Eröffnungsbilanz nach Abzug der Schulden sich ergebende Vermögen den Betrag des Grundkapitals oder des Stammkapitals (Eigenkapital), so ist in der Bilanz entweder der Überschuß als Reserve einzustellen oder der Betrag des Eigenkapitals entsprechend heraufzusetzen. Die Maßnahmen können miteinander verbunden werden.

Übersteigt der Betrag des Eigenkapitals das bei der Aufstellung der Eröffnungsbilanz nach Abzug der Schulden sich ergebende Vermögen, so ist entweder der Unterschied als Kapitalentwertungskonto unter die Aktiven einzustellen oder das Vermögen durch neue Einlagen bis zur Höhe des Betrags des Eigenkapitals zu vermehren oder der Betrag des Eigenkapitals entsprechend zu ermäßigen. Die Maßnahmen können miteinander verbunden werden.

Maßnahmen bei bilanzmäßigen Deckungsüberschüssen. Das aus den Goldmark-Eröffnungsbilanzen der Kapitalgesellschaften sich ergebende Reinvermögen wird nur dann höher als das bilanzmäßig ausgewiesene Nominalkapital sein, wenn dieses während der Inflationsjahre nicht oder doch nicht nennenswert verwässert ist. Wo dieser Fall vorliegt, wird der überschießende Teil des Reinvermögens, der hier kurz als Deckungsüberschuß bezeichnet wird, bilanzmäßige Reserve, sofern beispielsweise gute Rentabilitätsaussichten nicht ratsam erscheinen lassen, das Nominalkapital um den Betrag des Deckungsüberschusses durch Ausgabe neuer Anteile ohne Zuzahlung (Gratisaktien) oder durch Heraufsetzung des Nennwertes der bisherigen Anteile zu erhöhen. Je nach der Sachlage kann auch zweckmäßig sein, nur einen Teil des Deckungsüberschusses als Reserve (etwa bis zur Maximalhöhe nach § 262 Nr. 1 HGB.) zu bilanzieren und den andern Teil zur Heraufsetzung des Nominalkapitals zu verwenden.

Goldmarkreserven. Daß die Papiermarkreserven als Goldmarkreserven in der Goldmark-Eröffnungsbilanz nur insoweit aufleben können, wie sie in Goldmark bilanzmäßig sich ergeben, ist sozusagen selbstverständlich. Aktiv angelegte Reservefonds, die, wie beispielsweise nicht selten Unterstützungsfonds, der Verfügungsgewalt der

Gesellschaft entzogen sind, müssen in der Goldmark-Eröffnungsbilanz allerdings aktiv und passiv in der erforderlichen Höhe wieder erscheinen.

Maßnahmen bei bilanzmäßigen Deckungsmankos. Dagegen wird infolge der verheerenden Wirkungen der Inflation das Reinvermögen in den Goldmark-Eröffnungsbilanzen der Kapitalgesellschaften zur bilanzmäßigen Deckung des Nominalkapitals immer dann nicht entfernt ausreichen, wenn dieses während der Inflationsjahre mehr oder weniger stark erhöht oder in deren Verlauf überhaupt erst entstanden ist. Zum Ausgleich eines solchen ungedeckten Unterschieds, der hier Deckungsmanko genannt sei, sind nach § 5 Abs. 2 der Verordnung über Goldbilanzen hauptsächlich drei Wege gangbar:

1. entweder wird zum Ausgleich des Deckungsmankos ein Kapitalentwertungskonto auf die Aktivseite der Bilanz gesetzt;

2. oder es werden in Höhe des Deckungsmankos von den Gesellschaftern Bareinlagen gemacht, um das Reinvermögen der Gesellschaft mit deren Nominalkapital in Einklang zu bringen; gegebenenfalls kann auch die Überpariausgabe neuer Aktien diesem Zwecke dienen;

3. oder der Betrag des Nominalkapitals wird um den Betrag des Deckungsmankos herabgesetzt.

Beispiel: 30 Mill. M. Nominalkapital, jedoch nur $3^3/_4$ Mill. Gm. Reinvermögen in der Goldmark-Eröffnungsbilanz. Dann beispielsweise:

1. entweder Ansatz eines Kapitalentwertungskontos in Höhe von $26^1/_4$ Mill. M. auf der Aktivseite der Bilanz;

2. oder Neueinzahlungen im Gesamtbetrage von $26^1/_4$ Mill. M.;

3. oder Herabsetzung des Nominalkapitals von 30 auf nur $3^3/_4$ Mill. M.

Je nach der Sachlage im Einzelfall würde man nur einen dieser drei Wege wählen oder mehrere miteinander verbinden. So würde im Fall gleichzeitigen Kapitalbedarfs Weg 2 und, wenn die Rentabilitätsaussichten während der nächsten Jahre nicht günstig beurteilt werden, neben Weg 2 noch Weg 3 zu beschreiten sein. Dann könnte beispielsweise das Nominalkapital von 30 Mill. M. um 25 Mill. auf 5 Mill. Gm. herabgesetzt, also je sechs alte Aktien in eine neue zusammengelegt oder der Nominalbetrag der alten Aktien auf den sechsten Teil ihres bisherigen Nominalwertes herabgesetzt werden. Hierbei dürften jedoch die noch zu besprechenden neuen Mindestbeträge der Aktien (vgl. S. 18—19) nicht unterschritten werden. Außerdem wären $1^1/_4$ Mill. Gm. von den Gesellschaftern bar einzuzahlen. Dadurch wäre das Deckungsmanko von $26^1/_4$ Mill. dann voll abgegolten.

Dieses Ergebnis wird durch die nachstehende Buchung verdeutlicht:

Zwei Schuldner

an Kapitalentwertungskonto:

Aktienkapitalkonto:

Herabsetzung des Aktienkapitals von 30 Mill. M. auf 5 Mill. Gm. laut Beschlusses	25000000

Kassekonto (Bankkonto od. dgl.):

Barzahlungen (Überweisungen od. dgl.) der Gesellschafter zur gänzlichen Abgeltung des Deckungsmankos laut Beschlusses	1250000
	26250000

Deckungsmanko nicht unbedingt Unterbilanz. Im vorliegenden Fall ist der Begriff „Kapitalentwertungskonto" für die Buchung verwendet, obgleich die Gesellschaft den oben unter 1 angegebenen Weg der bilanzmäßigen Einstellung dieses Kontos auf eine gewisse Zeit nicht gewählt, sondern die Kapitalsentwertung durch Kapitalsherabsetzung und anschließende Bareinlagen der Gesellschafter Zug um Zug zum Ausgleich gebracht hat. In solchem Fall statt Kapitalsentwertung unbedingt Unterbilanz zu sagen, würde irrführend wirken, weil das in den Goldmark-Eröffnungsbilanzen vielfach erscheinende Deckungsmanko oft nicht so sehr betrieblich begründete Ursachen wie die Unterbilanz hat, sondern eben nicht selten vorwiegend darauf zurückzuführen ist, daß im Nominalkapital mehr oder minder unterwertige Papiermarkeinzahlungen enthalten sind. Im übrigen ist die Wahl des Ausdrucks für das Deckungsmanko in der Goldmark-Eröffnungsbilanz praktisch nicht von irgendwie ausschlaggebender Bedeutung.

Daß im Kapitalentwertungskonto nicht unbedingt eine betrieblich herbeigeführte, mit § 240 HGB. gemeinte Unterbilanz bzw. Überschuldung vorliegt, wird außerdem mit § 14 der Verordnung über Goldbilanzen ausdrücklich ausgesprochen, wo es heißt:

§ 14.

Wegen einer Überschuldung, die sich bei der Aufstellung der Eröffnungsbilanz ergibt, die Eröffnung des Konkursverfahrens zu beantragen, ist der Vorstand einer Aktiengesellschaft nicht verpflichtet, solange die Frist für die Umstellung läuft. Das gleiche gilt für die persönlich haftenden Gesellschafter einer Kommanditgesellschaft auf Aktien und für die Geschäftsführer einer Gesellschaft mit beschränkter Haftung.

Während der im Abs. 1 genannten Frist findet die Vorschrift des § 240 Abs. 1 HGB. keine Anwendung.

Zurückführung der Kapitaleinlagen auf Goldmark. In welchem Maße das Deckungsmanko auf Minderwertigkeit der Kapitaleinzahlungen während der Inflationsjahre zurückzuführen ist, kann man durch Umrechnung der eingezahlten Papiermarkbeträge in Goldmark feststellen. Hierbei sind auch die Einzahlungen über pari, die nach § 262 Nr. 2 HGB. der gesetzlichen Reserve zugeführt sind, als Kapitaleinzahlungen mit heranzuziehen, weil auch diese Beträge dem Betriebe seinerzeit zugeflossen sind. Die Umrechnung der Papiermarkeinzahlungen in Goldmark hat zu den für die Einzahlungstage maßgebenden Goldmarkkursen zu geschehen. Die bei der Gründung oder bei der Kapitalserhöhung in Papiermark entstandenen Kosten sind entsprechend in Goldmark umzurechnen und von den umgerechneten Einzahlungen in Abzug zu bringen. Bis zum Beginn der Inflation eingezahlte Kapitalbeträge sind abzüglich der Kosten als Goldmarkeinzahlungen zu bewerten, obgleich die jetzige Goldmark infolge allgemein zurückgegangener Kaufkraft der frühern Goldmark noch nicht wieder gleichwertig ist. Schließlich sind auch die zur Reservebildung bei der Gesellschaft zurückbehaltenen Teile bilanzmäßiger Reingewinne aus Inflationsjahren zum Goldmark-Jahresdurchschnittskurs für jedes Entstehungsjahr in Goldmarkbeträge umzurechnen. Die Jahresdurchschnittskurse werden hierbei zugrunde gelegt werden müssen, weil die bilanzmäßigen Reingewinne im Lauf des Jahrs entstanden und in der Unternehmung so auch wirtschaftlich wirksam geworden sind. Vor der Inflation bei der Unternehmung zur Reservebildung zurückbehaltene Gewinnteile kommen als Goldmarkbeträge zur Anrechnung. Das Gesamtergebnis aller dieser Umrechnungen erweist, in welchem Umfang das in der Goldmark-Eröffnungsbilanz stehende Nominalkapital höher als der tatsächliche Goldwert aller Kapitaleinzahlungen und Gewinnzuführungen ist, inwieweit mithin das bilanzierte Nominalkapital Inflationskapital und demzufolge an dem Deckungsmanko in der Goldmark-Eröffnungsbilanz beteiligt ist.

Lediglich aufklärende, nicht gesetzliche Bedeutung der Umrechnung von Kapitaleinlagen. Selbstverständlich können die Ergebnisse derartiger Umrechnungen von Papiermarkeinzahlungen und Gewinnzuführungen in Papiermark in Rücksicht auf die stets mehr oder weniger vorhanden gewesenen Spannungen zwischen Kaufkraft der Papiermark und Devisenkursen nicht absoluter, sondern eben nur relativer Natur sein. Diese Umrechnungsergebnisse haben außerdem lediglich aufklärende, nicht dagegen irgendwelche gesetzliche Bedeutung für die Aufstellung der Goldmark-Eröffnungsbilanzen. Denn für die bilanzmäßige Ermittlung des Deckungsmankos kommt als Grund- oder Stammkapital ausschließlich das im Handelsregister eingetragene und demgemäß verbuchte und bilanzierte satzungsmäßige Nominalkapital in Betracht.

Geltungsbereich der Umstellung im Sinne der Verordnung. Nach § 7 der Verordnung über Goldbilanzen gilt eine nach § 5 der Verordnung vorgenommene Veränderung des Eigenkapitals einer Kapitalgesellschaft, deren Technik mit den vorstehenden Abschnitten im großen und ganzen besprochen ist, als Umstellung im Sinne dieser Verordnung.

Maximalhöhe und Tilgungsfrist für das Kapitalentwertungskonto. Über das Kapitalentwertungskonto enthält § 6 der Verordnung über Goldbilanzen nachstehende wichtige Bestimmungen:

§ 6.

Das Kapitalentwertungskonto darf nicht höher sein als $^9/_{10}$ des Betrages des Eigenkapitals. Die Gesellschaft ist verpflichtet, das Kapitalentwertungskonto innerhalb von drei Geschäftsjahren auszugleichen. Zur Tilgung sind der vorhandene Reservefonds sowie die Beträge zu verwenden, die gemäß § 262 des Handelsgesetzbuchs in den Rerservefonds einzustellen wären; eine Verteilung von Gewinnen ist unzulässig, solange ein Kapitalentwertungskonto besteht. Die Durchführung des Ausgleichs ist dem Gericht anzuzeigen.

Diese Vorschriften sind eindeutig. In ihren praktischen Wirkungen laufen sie darauf hinaus, die Umstellung der Grund- oder Stammkapitalien auf Goldmark innerhalb dreier Geschäftsjahre (offenbar von der Goldmark-Eröffnungsbilanz an gerechnet) zu erzwingen. In Rücksicht auf die zu diesem Zweck sonst noch getroffenen, im folgenden noch wiederzugebenden Vorschriften wird die gesamte Umstellung auf Goldmark, bei Fernhaltung neuer Inflationen, in diesem Zeitraum möglich sein.

Nur dies sei zu § 6 noch ausgeführt, daß, sofern das Deckungsmanko über $^9/_{10}$ des Nominalkapitals hinausgeht, der überschießende Betrag zugunsten des Kapitalentwertungskontos entweder durch entsprechende Kapitalsherabsetzung oder durch Bareinzahlungen der Gesellschafter oder durch Agiogewinn bei Überpari-Emissionen zu beseitigen ist.

Höhe der neuen Grund- und Stammkapitalien in Goldmark. Über die Höhe der neuen Nominalkapitalien ist näheres mit §§ 10, 11, 17, 18 der Verordnung über Goldbilanzen bestimmt.

§ 10.

Nach der Umstellung muß der Betrag des Eigenkapitals einer Aktiengesellschaft oder einer Kommanditgesellschaft auf Aktien mindestens 5000 Gm., der einer Gesellschaft mit beschränkter Haftung mindestens 500 Gm. betragen.

Bei der Umstellung einer Aktiengesellschaft oder einer Kommanditgesellschaft auf Aktien müssen die Aktien und Interimsscheine auf einen Betrag von mindestens 100 Gm., im Fall des § 180 Abs. 3 HGB. auf einen Betrag von mindestens 20 Gm. gestellt werden. Im Fall des § 180 Abs. 2 HGB. kann ein Mindestbetrag von 20 Gm. zugelassen werden.

Bei der Umstellung einer Gesellschaft mit beschränkter Haftung muß die Stammeinlage jedes Gesellschafters auf mindestens 50 Gm. gestellt werden.

§ 11.

Eine Verminderung der Zahl der Aktien oder Geschäftsanteile aus Anlaß der Umstellung einer Aktiengesellschaft, einer Kommanditgesellschaft auf Aktien oder einer Gesellschaft mit beschränkter Haftung ist nur insoweit zulässig, als ohne sie die im § 10 für Aktien oder Geschäftsanteile vorgeschriebene Mindestgrenze nicht eingehalten werden könnte.

§ 17.

Bei Neugründungen von Aktiengesellschaften, Kommanditgesellschaften auf Aktien und Gesellschaften mit beschränkter Haftung muß das Eigenkapital auf Goldmark gestellt werden.

Das Grundkapital einer Aktiengesellschaft oder einer Kommanditgesellschaft auf Aktien muß mindestens 50000 Gm. betragen. Die Aktien und Interimsscheine müssen auf einen Betrag von mindestens 100 Gm., im Fall des § 180 Abs. 3 HGB. auf mindestens 20 Gm. gestellt werden. Im Fall des § 180 Abs. 2 HGB. kann ein Mindestbetrag von 20 Gm. zugelassen werden.

Das Stammkapital einer Gesellschaft mit beschränkter Haftung muß mindestens 5000 Gm., die Stammeinlage jedes Gesellschafters mindestens 50 Gm. betragen. Die Einzahlung auf die Stammeinlage (§ 7 Abs. 2 des Gesetzes, betreffend die Gesellschaften mit beschränkter Haftung) muß mindestens ein Viertel des Betrages der Stammeinlage und mindestens 25 Gm. betragen.

§ 18.

Die im § 10 Abs. 2 und im § 17 Abs. 2 Satz 2 und 3 genannten Beträge treten an die Stelle der im § 180 HGB. vorgesehenen Mindestbeträge.

Die in der Verordnung über Goldbilanzen sonst noch enthaltenen Vorschriften bedürfen für den Zweck dieser Schrift nicht der Auslegung und werden demgemäß unter Voransetzung ihres wesentlichen Inhalts im folgenden wörtlich mitgeteilt.

Unverändertes Verhältnis der mit den Gesellschaftsanteilen verbundenen Rechte zueinander.

§ 8.

Das Verhältnis der mit den Aktien und Geschäftsanteilen verbundenen Rechte zueinander wird vorbehaltlich näherer Regelung in den Durchführungsbestimmungen durch die Umstellung nicht berührt.

Zuteilung neuer Aktien oder Geschäftsanteile infolge Umstellung nach Maßgabe der bisherigen Beteiligung der Gesellschafter.

§ 9.

Werden im Fall der Heraufsetzung des Betrags des Eigenkapitals (§ 5 Abs. 1) neue Aktien oder Geschäftsanteile ausgegeben, so sind diese den Gesellschaftern auf ihr Verlangen entsprechend ihrem Anteil am Eigenkapital zuzuteilen, es sei denn, daß ein Dritter die Aktien übernommen und sich dabei verpflichtet hat, sie den Aktionären zum Bezug anzubieten. Das gleiche gilt für den Fall einer Kapitalserhöhung, die während des Bestehens des Kapitalentwertungskontos beschlossen worden ist.

Genußscheine.

§ 12.

Soweit aus Anlaß der Umstellung einer Aktiengesellschaft, einer Kommanditgesellschaft auf Aktien oder einer Gesellschaft mit beschränkter

Haftung Zahlungen an die Gesellschafter zu erfolgen haben, sind ihnen auf Antrag auf den Inhaber lautende Genußscheine in Höhe ihres Zahlungsanspruchs auszuhändigen. Die Genußscheine gewähren kein Stimmrecht, jedoch einen Anspruch auf entsprechende Beteiligung am Reingewinn der Gesellschaft und im Fall der Auflösung der Gesellschaft einen Anspruch in bezug auf das zu verteilende Gesellschaftsvermögen. Die Beteiligung am Reingewinn darf durch Kapitalserhöhungen nicht verkürzt werden. Die Genußscheine können unter Einhaltung einer Kündigungsfrist von drei Monaten von der Gesellschaft frühestens zum Ablauf des dritten auf die Ausstellung folgenden Geschäftsjahres, von dem Inhaber zum Schlusse eines jeden Geschäftsjahres gekündigt werden. Die Ausgabe der Genußscheine bedarf nicht der staatlichen Genehmigung.

Prüfung der Goldmark-Eröffnungsbilanz und des Umstellungsherganges.

§ 13.

Bei Aktiengesellschaften haben die Mitglieder des Aufsichtsrats die Eröffnungsbilanz und den Hergang der Umstellung zu prüfen. Über die Prüfung ist der Generalversammlung von dem Vorstand und dem Aufsichtsrat schriftlich Bericht zu erstatten. In dem Berichte sind die wesentlichen Umstände darzulegen, die für die Bewertung der im § 261 Nr. 1 bis 3 HGB. bezeichneten Gegenstände maßgebend gewesen sind.

Die Generalversammlung kann mit einfacher Stimmenmehrheit die Bestellung von Revisoren zur Prüfung der Eröffnungsbilanz oder zur Prüfung des Herganges der Umstellung beschließen. Ist in der Generalversammlung ein Antrag auf Bestellung von Revisoren zur Prüfung der Eröffnungsbilanz oder zur Prüfung des Herganges der Umstellung abgelehnt worden, so können auf Antrag von Aktionären, deren Anteile zusammen den zehnten Teil des Grundkapitals erreichen, Revisoren durch das Gericht, in dessen Bezirk die Gesellschaft ihren Sitz hat, ernannt werden. Die Vorschriften des § 266 Abs. 2, Abs. 3 Satz 2, Abs. 4 Satz 1, sowie des § 267 HGB. finden Anwendung.

Diese Vorschriften gelten für Kommanditgesellschaften auf Aktien mit der Maßgabe, daß die Berichterstattung (Abs. 1 Satz 2) durch die persönlich haftenden Gesellschafter zu erfolgen hat.

Anmeldung des Umstellungsbeschlusses zum Handelsregister.

§ 15.

Die Anmeldung des Beschlusses der Generalversammlung über die Umstellung einer Aktiengesellschaft, einer Kommanditgesellschaft auf Aktien oder einer Gesellschaft mit beschränkter Haftung zum Handelsregister hat binnen sechs Monaten nach Abhaltung der Generalversammlung zu erfolgen, in der die Abänderung des Gesellschaftsvertrags beschlossen worden ist. Die oberste Landesbehörde oder die von ihr bestimmte Stelle kann die Frist allgemein oder für einzelne Unternehmungen oder Arten von Unternehmungen verlängern.

Handelt es sich um eine Aktiengesellschaft oder eine Kommanditgesellschaft auf Aktien, so ist bei der Anmeldung der Prüfungsbericht (§ 13 Abs. 1) vorzulegen.

§ 16.

Ist die Anmeldung (§ 15) nicht innerhalb der vorgeschriebenen Frist erfolgt oder ist die Einhaltung der im § 10 vorgeschriebenen Mindestgrenzen nicht nachgewiesen oder die im § 6 vorgeschriebene Anzeige unterblieben, so hat das Gericht der Gesellschaft eine angemessene Frist unter der Androhung der Eintragung der Nichtigkeit der Gesellschaft zu bestimmen. Ist innerhalb der Frist die Anmeldung nicht erfolgt oder der Nachweis nicht geführt oder die Anzeige nicht erstattet, so ist die Nichtigkeit der Gesellschaft einzutragen. Die Vorschriften der §§ 142, 143 des Gesetzes über die Angelegenheiten der freiwilligen Gerichtsbarkeit finden entsprechende Anwendung.

Steuerrechtliche Wirkungen der Umstellung.

§ 19.

Die infolge der Aufstellung der Eröffnungsbilanz, insbesondre infolge der Umstellung sich ergebenden lediglich zahlenmäßigen Veränderungen in dem Vermögen der im § 1 bezeichneten Kaufleute sowie deren Gesellschafter gegenüber den für die Besteuerung maßgebenden Werten begründen für die Einkommensteuer, Körperschaftsteuer und Vermögensteuer der vorangegangenen Steuerjahre keine Steuerpflicht. Die infolge der Umstellung sich ergebenden lediglich zahlenmäßigen Veränderungen in dem Vermögen der im § 5 bezeichneten Gesellschaften sowie deren Gesellschafter unterliegen keiner Kapitalverkehrsteuer.

Wird im Fall des § 5 Abs. 2 ein Kapitalentwertungskonto in die Bilanz eingestellt, so dürfen die zu seiner Tilgung verwendeten Beträge vom steuerbaren Einkommen nicht abgezogen werden; § 7 Nr. 3 des Körperschaftsteuergesetzes findet insoweit keine Anwendung.

Wird im Fall des § 5 Abs. 2 das Vermögen durch neue Einlagen bis zur Höhe des Eigenkapitals vermehrt, so findet auf die zur Vermehrung bewirkten Zahlungen und Leistungen die Vergünstigung des § 13 zu b des Kapitalverkehrsteuergesetzes keine Anwendung; das gleiche gilt für Zahlungen und Leistungen, die zur Tilgung des Kapitalentwertungskontos bewirkt werden.

Der Erwerb der im § 12 bezeichneten Genußscheine durch den ersten Erwerber ist von der Gesellschaftsteuer des Kapitalverkehrsteuergesetzes befreit.

Durchführungsbestimmungen.

§ 20.

Die Reichsregierung wird ermächtigt, die zur Durchführung dieser Verordnung erforderlichen Rechtsverordnungen und allgemeinen Verwaltungsvorschriften zu erlassen, sie kann Ausnahmen von den Bestimmungen der Verordnung zulassen und, soweit es sich als notwendig erweisen sollte, für besondere Fälle allgemeine Anordnungen ergänzenden oder abweichenden Inhalts treffen, sowie auf der Grundlage der für Aktiengesellschaften, Kommanditgesellschaften auf Aktien und Gesellschaften mit beschränkter Haftung geltenden Bestimmungen die Bilanzierung, Umstellung und Neugründung anderer Arten von Unternehmungen in Goldmark regeln.

Wichtigkeit der Durchführungsbestimmungen. Die bei der Umstellung der kaufmännischen Bilanzierung von Papiermark auf Goldmark zu erwartenden Schwierigkeiten werden der Zahl und der wirtschaftlichen Bedeutung nach, insbesondre bei den Kapitalgesellschaften, sehr groß sein.

Unzweifelhaft werden die zur Verordnung über Goldbilanzen zu erlassenden Durchführungsbestimmungen für die praktische Durchführung der Umstellung nicht geringe Bewegungsfreiheit lassen müssen, wenn auf die von Unternehmung zu Unternehmung gerade in dieser Angelegenheit mehr oder minder verschiedene Sachlage die Rücksicht genommen werden soll, die im Interesse der Beteiligten erforderlich ist. Zahl und Ansprüche der Beteiligten sind hierbei aber nicht gering. Während Vorstand und Aufsichtsrat als verantwortliche Verwaltungsorgane auf Erhaltung und Stärkung der Vermögenssubstanz der Gesellschaft bedacht sein müssen, werden die Gesellschafter bei der Umstellung nach Möglichkeit nur kleine Opfer bringen wollen, trotzdem jedoch künftig wieder befriedigende Dividenden erwarten. Und in puncto Dividenden steht der notleidende Steuerfiskus den Gesellschaftern gewiß nicht nach. Deshalb wird es eine schwere und verantwortungsvolle Aufgabe der Verwaltungsorgane sein, in richtiger Erkenntnis der materiellen Lage der von ihnen vertretenen Gesellschaft und bei denkbar gewissenhafter Einschätzung der weitern wirtschaftlichen Entwicklung zu Nutz und Frommen der Gesellschaftsinteressen bei der Umstellung das Richtige zu treffen. Dabei ist zu wünschen, daß die Gesellschafter sich dem von der Verwaltung für das Umstellungsverfahren nach bestem Ermessen gewonnenen Standpunkt auch für den Fall nicht verschließen, daß dadurch zunächst über die Erwartung hinausgehende Opfer von ihnen verlangt werden.

Objektiv genommen, wird für die Goldmark-Eröffnungsbilanz die Wahrheit vielfach in der Mitte liegen. Nämlich in der Mitte zwischen den das Konjunkturrisiko zum Bilanztage nicht mehr einschließenden Tageswerten der Veräußerungsgegenstände bzw. den Schätzungs- oder den Vorkriegswerten für die Teile des Anlagekapitals einerseits, und den Anschaffungs- oder Herstellungskosten anderseits, sofern diese Kosten unter jenen Werten liegen.

Insbesondre werden die Durchführungsbestimmungen zur Aufstellung der Goldmark-Eröffnungsbilanzen folgende Punkte klarzustellen haben:

gewisse Einzelheiten der Bewertung und Aufwertung,

inwieweit Kontinuität zwischen Papiermark-Schlußbilanz und Goldmark-Eröffnungsbilanz bestehen bleiben soll,

das Verhältnis der Vorzugsaktien,

die Ausübung der Bezugsrechte,

den Schutz der Kleinaktionäre,

die handelsrechtliche Stellung der Goldmark-Eröffnungsbilanzen zu den Goldmark-Schlußbilanzen.

Daneben bedarf es eingehender Bestimmungen über die einkommen- und körperschaftsteuerrechtlichen Folgen, die aus der Umstellung der

Bilanzierung von Papier- auf Goldmark mit bedeutenden materiellen Wirkungen erwachsen werden. Die steuerrechtlichen Fragen werden aber nicht mit den Durchführungsbestimmungen zur Goldmark-Eröffnungshandelsbilanz, sondern getrennt davon geregelt und gehören deshalb nicht zum Thema dieser Schrift.

Goldmarkbuchführung.

Buchführung in zwei Währungen. Die Bezeichnung „Goldmarkbuchführung", die auch hier, dem fachtechnischen Sprachgebrauch folgend, angewendet ist, mag als Schlagwort brauchbar sein. Sachlich sagt sie dagegen etwas andres, als sie ausdrücken soll. Denn nicht um eine Buchführung allein in Goldmark handelt es sich bei der sogenannten Goldmarkbuchführung, also nicht um eine Buchführung in nur einer Währung, sondern um eine solche in zwei Währungen. Und zwar in zwei ganz verschiedenartigen Währungen: nämlich in hochwertiger Goldwährung und minderwertiger Papierwährung.

Es kann nicht die Aufgabe dieser Schrift sein, etwa darzulegen, auf welche Weise irgendeine irgendwo praktisch angewendete Form der Buchführung in nur einer Währung, wie sie vor der Inflation in der Goldmarkwährung, während der Inflation in der Papiermarkwährung allgemein vorlag, in eine Buchführung in zwei Währungen zweckmäßig umgewandelt werden kann. Vielmehr soll an dieser Stelle ein allgemein anwendbares, vom Verfasser dieser Ausführungen oft organisiertes und praktisch erprobtes Verfahren für die Buchführung in zwei Währungen zur Darstellung kommen.

Vorausgeschickt sei dies:

Nicht erforderlich, solange 1 Billion Pm. = 1 Gm. Solange 1 Billmark (1 Billion Pm.) 1 Gm. gleichzusetzen ist, bedarf es nicht unbedingt einer Änderung der bisherigen Papiermark-Buchführung. Wer in diesem Punkte Optimist und demzufolge der Ansicht ist, daß dieses Verhältnis sich noch lange behaupten lassen wird, der mag es bei seiner bisherigen Buchführung, wenn sie im übrigen der Erhaltung wert ist, auch weiterhin bewenden lassen und die vorkommenden Papiermarkbeträge in Billmark, also zahlenmäßig wie die Goldmarkbeträge, buchen, bis er vermutlich später auf längere oder kürzere Zeit zur Buchführung in zwei Währungen übergehen muß. Wer dagegen mit baldiger Änderung (dann aber hoffentlich wesentlicher Verbesserung) des Papiermarkkurses rechnet, wird dementsprechend rechtzeitiger Einführung oder doch wenigstens Vorbereitung der Buchführung in zwei Währungen geneigt sein.

Grundsätzliche Umrechnung und Verbuchung in Goldmark. Bei der hier darzustellenden Buchführung in zwei Währungen werden die Beträge sämtlicher Geschäftsvorgänge, soweit sie nicht ohnehin schon auf Goldmark gestellt sind, sogleich grundsätzlich in Goldmark umgerechnet und so auch gebucht.

Da die deutschen Unternehmer, von wenigen Ausnahmen abgesehen, nunmehr wieder in Goldmark kaufen und verkaufen, werden sämtliche Einkaufs- und Verkaufsposten ohnehin grundsätzlich in Goldmark ausgedrückt. Diese bei jeder wirtschaftlichen Unternehmung besonders zahlreichen Buchungsposten liegen demnach ohne weiteres in Goldmark vor. Lauten irgendwelche anderen Geschäftsvorgänge, wie beispielsweise Barsendungen, Barzahlungen oder Banküberweisungen von Kunden oder an Lieferanten, auf Papiermark, so sind solche Beträge, je nach den Lieferungsbedingungen zum Kurse am Tage oder am Vortage des Zahlungseingangs oder anders in Goldmark umzurechnen, und jeder so errechnete Goldmarkbetrag ist grundsätzlich auf der Buchungsunterlage, für die Buchhaltung deutlich erkennbar, zu vermerken. Buchungsunterlagen, die lediglich auf Papiermarkbeträge lauten, dürfen also nicht vorkommen. Soweit es sich um nicht vermeidbare Papiermarkposten auf dem Kassekonto oder auf den Bankkonten handelt, werden solche Posten auf den dafür noch zu führenden Papiermarkkonten in Papiermark, jedoch die Gegenposten zu diesen Posten, soweit sie nicht auch auf Papiermark lauten, wie gesagt, in Goldmark zur Verbuchung gebracht. Die unten zu besprechenden Buchungsbeispiele werden dies veranschaulichen.

Gewinn- und Verlustrechnung nur in Goldmark. Aus dem vorstehend darüber Gesagten folgt, daß bei dieser Buchführung in zwei Währungen die Gewinn- und Verlustrechnung, ohne daß zum Bücherabschluß irgendwelche weiteren Umrechnungen erforderlich werden, ausschließlich aus Goldmarkposten besteht. Eine Grundbedingung für jede Goldmarkbuchführung, die ihren Zweck erfüllen soll.

Tabellenlineatur. Bei dieser Buchführungsmethode des Verfassers ist weiterhin die Anwendung der Tabellenlineatur, wie sie in der „amerikanischen“ Buchführung vorliegt, erforderlich. Denn für die unmittelbare Gegenüberstellung und gegenseitige Aufrechnung auf verschiedene Währungen und dementsprechend verschiedene Beträge lautender Posten ist keine andre Buchungsform auch nur annähernd so gut geeignet. Allerdings bedarf es bei der Tabellenlineatur statt gedankenlos schematischer Anwendung in Form nur eines Journals zweckentsprechender Teilung der Grundbücher nach Maßgabe der betrieblichen Erfordernisse. Darüber wird näheres im folgenden noch ausgeführt werden.

Kontrollkonten für Goldmark- und Papiermarkbeträge. Schließlich ergibt sich bei unserer Buchführungsmethode die Notwendigkeit, die rechnerische Richtigkeit der Gesamtsummen der Buchungsposten zu kontrollieren. Denn die bei Verbuchung in nur einer Währung geltende Formel: „Gesamtsumme aller Soll-Posten = Gesamtsumme aller Haben-Posten“ kann nicht maßgebend sein, wenn infolge gegenseitiger Verrechnung zweier verschiedenartigen Währungen im Soll und Haben auch verschieden hohe Beträge einander gegenübergestellt werden. Wir führen deshalb im Soll und Haben je eine Kontrolldoppelspalte für die Goldmark- und Papiermarkposten. Diese Kontrolldoppelspalten für die beiden Währungen erheben wir zu Hauptbuchkonten und kommen dadurch in die Lage, am Schluß dieser Ausführungen noch zu besprechenden wichtigen Nutzen aus der Führung der Kontrollspalten zu ziehen.

Zu verbuchende Beispiele von Geschäftsvorgängen. Zur praktischen Veranschaulichung der vorstehend vorerst in großen Zügen besprochenen Buchführungsmethode dienen die nachstehend mitgeteilten Geschäftsvorgänge. Diese Vorgänge sind zum Zweck gleichzeitiger buchtechnischer Erläuterung typisch und dabei zahlenmäßig einfach gewählt. Daten und Kurse sind als Beispiele selbstverständlich rein fiktiv.

März 192 . .

3. Bareinkauf 1000 kg ... von Karl Stark, Eichwalde, laut quittierter Rechnung vom 3. d. M. für 350000 Milld. Pm. — Barzahlung in Papiermark zu 500 Milld. für 1 Gm. = 700 Gm. — Da Kauf von Stark nur Gelegenheitskauf, soll Konto für ihn nicht eröffnet werden.
Buchung: Ware Gold Soll gegen Kasse Papier Haben und Kontrolle Gold Soll gegen Kontrolle Papier Haben.
4. Bar für Reklamematerialien laut quittierter Rechnung von Paul Schwarz, hier, vom 5. d. M. über 26,40 Gm. in Form von 10 Bill. 560 Milld. Pm. zum Kurse von 400 Milld. für 1 Gm. —
Buchung: Unkosten Gold Soll gegen Kasse Papier Haben und Kontrolle Gold Soll gegen Kontrolle Papier Haben.
4. Barabhebung vom Papiermarkkonto bei der ... Bank in Höhe von 80000 Milld. Pm. —
Buchung: Kasse Papier Soll gegen Bank Papier Haben und Kontrolle Papier Soll gegen Kontrolle Papier Haben.
4. Otto Kraft, Wildbach: sandte bar a conto 240 Bill. Pm., die ihm zum Kurse von 400 Milld. für 1 Gm. mit 600 Gm. gutzubringen sind.
Buchung: Kasse Papier Soll gegen Kunden Gold Haben und Kontrolle Papier Soll gegen Kontrolle Gold Haben.
5. Fritz Wald, Steinfeld: empfing zum Ausgleich bar 328 Rtm. und 100 $ zum Goldparikurs von 4,20 Gm. = 420 Gm., zusammen (328 + 420 =) 748 Gm. —
Buchung: Lieferanten Gold Soll gegen Kasse Gold Haben nebst Devisen Gold Haben und Kontrolle Gold Soll gegen Kontrolle Gold Haben.
6. Martin Möller, München: überwies auf Papiermarkkonto bei der ... Bank als Anzahlung 225 Bill. Pm., die ihm zum Kurse von 450 Milld. für 1 Gm. mit 500 Gm. gutzubringen sind.
Buchung: Bank Papier Soll gegen Kundenanzahlung Gold Haben und Kontrolle Papier Soll gegen Kontrolle Gold Haben.

7. Überweisung von 200 Rtm. vom Postscheckkonto auf Rentenmarkkonto bei der...Bank.
Buchung: Bank Gold Soll gegen Postscheck Gold Haben und Kontrolle Gold Soll gegen Kontrolle Gold Haben.

8. Anschaffung von 100 franz. Franken durch...Bank zum Kostengesamtbetrag von 4 Bill. 385 Milld. Pm., die zum Kurse von 420 Milld. Pm. für 1 Gm. dem Devisenkonto mit 10,44 Gm. zu belasten sind.
Buchung: Devisen Gold Soll gegen Bank Papier Haben und Kontrolle Gold Soll gegen Kontrolle Papier Haben.

8. Gesamtbetrag der Barlosungen aus dem Detailgeschäft für die Zeit vom einschließlich 3. bis einschließlich 8. März laut Losungsbuchs, wonach die für die beiden Währungen aufaddierten Gesamtsummen 869,40 Gm. und 558 Bill. 405 Milld. Pm. betragen haben. Die während der 6 Tage in Papiermark vereinnahmten Barlosungen ergeben, Tag für Tag zum jeweiligen Goldkurse umgerechnet, zusammen 1110,30 Gm. — Insgesamt belaufen die Barlosungen sich mithin auf 1979,70 Gm. —
Buchung: Kasse Gold Soll nebst Kasse Papier Soll gegen Waren Gold Haben und Kontrolle Gold Soll nebst Kontrolle Papier Soll gegen Kontrolle Gold Haben.

Praktische Durchführung der Verbuchung. Die buchtechnische Durchführung der vorstehend mitgeteilten und in bezug auf die Buchungssätze bereits erörterten Geschäftsvorgänge hat folgendes Aussehen:

Papiermarkbeträge in Milliarden. **Monat März**

Kontokorrent Seite	Tag	Vorgang	Kontrolle Gold Soll	Kontrolle Gold Haben	Kontrolle Papier Soll	Kontrolle Papier Haben	Kasse Gold Soll	Kasse Gold Haben	Kasse Papier Soll	Kasse Papier Haben
		Ueberträge:								
	3.	Bareinkauf 1000 kg ... v. Karl Stark, Eichwalde	700 —			350000				350000
	4.	Reklamematerialien gegen bar von Paul Schwarz, hier	26 40			10560				10560
	4.	Barabhebung bei der Bank			80000	80000			80000	
112	4.	Otto Kraft, Wildbach: sandte bar a conto		600 —	240000				240000	
58	5.	Fritz Wald, Steinfeld: empfing 100 $ und 328 Rtm. bar zum Ausgleich	748 —	748 —			328 —			
19	6.	Martin Möller, München: überwies als Anzahlung an Bank		500 —	225000					
	7.	Überweisung v. Postscheckkonto auf Rentenmarkkonto bei der ... Bank	200 —	200 —						
	8.	Anschaffung von 100 franz. Franken durch die ... Bank zu 4 Billionen 385 Milliarden Pm. bei einem Goldkurs von 420 Milliarden Pm.	10 44			4385				
	8.	Barlosungen vom einschließlich 3. bis einschl. 8. März laut Losungsbuchs	869 40	1979 70	558405		869 40		558405	

Praktische Anwendungsformen der tabellarischen Journale. Hierzu sei zunächst darauf hingewiesen, daß man in der kaufmännischen Praxis ein tabellarisches Journal mit der Verbuchung des gesamten Geschäftsverkehrs, wie nach den vorstehenden Beispielsbuchungen irrtümlich angenommen werden könnte, grundsätzlich nicht belasten sollte. Mindestens sollte man die Einkaufs- und Verkaufsposten in einem besondern Einkaufs- und Verkaufsbuch in der bekannten Weise (Daten, Firmen, Beträge in fortlaufender Reihenfolge untereinander) buchen und von diesen Büchern aus auf die Kontokorrentkonten der Lieferanten und Kunden auch übertragen. In das Journal sind dann für den Schluß jedes Monats die im Einkaufs- und im Verkaufsbuch aufzuaddierenden Monatsgesamtsummen mittels je einer Buchung (Waren od. dgl. an Lieferanten und Kunden an Waren od. dgl.) zu übernehmen (vielfach wird man Einkaufs- und Verkaufsbücher nach Maßgabe der vorkommenden Waren-, Fabrikate- oder auch Materialiengruppen ebenfalls tabellarisch einrichten). Das „amerikanische“ Journal enthält danach den während eines Monats aufgelaufenen gesamten Geschäftsverkehr. Die Soll- und Haben-Posten aller im Journal geführten Konten werden ebenfalls monatlich aufaddiert, und die auf ihre rechnerische Richtigkeit mit Hilfe der Gold-

192 . . .

Kunden Gold		Lieferanten Gold		Waren Gold		Bank Gold		Bank Papier		Postscheck Gold		Unkosten Gold	Devisen Gold		Verschiedene Gold		Kontobezeichnung
Soll	Haben	Soll	Haben	Soll	Haben	Soll	Haben	Soll	Haben	Soll	Haben	Soll	Soll	Haben	Soll	Haben	
				700 —													
												26 40					
									80 000								
	600 —																
		748 —												420 —			
								225 000								500 —	Kunden-Anzahlg.
						200 —					200 —						
									4 385				10 44				
					1979 70												

und Papiermarkkontrollspalten nachgeprüften Schlußsummen, einschließlich derer aus den Kontrollspalten selbst, werden auf die Sachkonten im Hauptbuch übertragen. Diese Hauptbuchkonten können aus den Grundbüchern für jeden Monat im Soll und Haben mithin mit nicht mehr als nur je einer Zahl belastet oder erkannt werden. Daran ist der Einfachheit halber auch dann festzuhalten, wenn, worüber sogleich noch gesprochen werden soll, als Grundbücher beliebig viele Journale geführt werden. Ausnahmsweise kann man Posten von besonderm Interesse, beispielsweise über Anlagekonten verbuchte Neuanschaffungen, Darlehnsposten od. dgl., einzeln und textlich begründet aus dem Journal auf die bezüglichen Hauptbuchkonten übertragen.

Je mehr Buchungsposten bei einer Unternehmung vorkommen, je feiner durchgeführter Arbeitsteilung das Personal unterworfen ist, je mehr Kontengruppen schließlich der Geschäftsbetrieb zur Folge hat, um so notwendiger wird es, die tabellarischen Journale entsprechend zu spezialisieren, wenn die Buchführung allen, an Übersicht und Zuverlässigkeit zu stellenden Anforderungen genügen und auch vom Personal prompt bewältigt werden soll. Mittelgroße Betriebe werden neben den Ein- und Verkaufsbüchern mit einem Hauptjournal, das vor allem den Barverkehr und die monatlichen Überträge der in den anderen Grundbüchern aufgelaufenen Gesamtsummen aufzunehmen hat, und außerdem mit einem Bankenjournal für die Aufnahme des bankmäßigen Überweisungsverkehrs einschließlich des Postscheckverkehrs vielfach auskommen. Weitergehende betriebstechnische Bedürfnisse werden besondere Scheck- und Wechseljournale, Devisen- und Effektenjournale erfordern. Die Spezialisation kann nach Bedarf beliebig fortschreiten; welchen Umfang sie in großen Bank- und Industriebetrieben erreichen kann und tatsächlich erreicht hat, ist schon aus den vorstehenden Andeutungen ableitbar. Nur dies sei hier noch hinzugefügt, daß bei weitergetriebener Spezialisation der tabellarischen Journale, die man fachtechnisch auch als „französische" Buchhaltung bezeichnet, die Sammlung und Aufrechnung der Monatsschlußsummen für die Hauptbuchkonten zweckmäßig in einem besondern Sammeljournal geschieht, worauf an dieser Stelle näher nicht mehr eingegangen werden kann. Ganz große Unternehmungen, insbesondre Bankunternehmungen, sammeln und übertragen die Schlußsummen der Umsätze auf den Sachkonten sogar täglich in das Hauptbuch.

Betont sei noch, daß man auch bei größter Spezialisation der Sachkonten die Journale auf nur mäßigen Umfang beschränken kann, wenn man die Aufteilung dazu geeigneter Konten (z. B. des Unkostenkontos) in Unterkonten (z. B. Gehälter, Löhne, Provisionen usw.) in tabellarisch eingerichteten Nebenbüchern rein zahlenmäßig vornimmt.

In Goldmark buchungsfähige Zahlungsmittel. Als Goldmark gilt nach § 1 Abs. 2 der Verordnung über Goldbilanzen vom 28. Dezember 1923 bis auf weiteres der Gegenwert von $^{10}/_{42}$ des nordamerikanischen Dollars. Danach sind auf Dollarwährung lautende Goldanleihe, Dollarschatzanweisungen und wertbeständige Notgeldscheine als Goldmark buchungsfähig. Als Goldmark ist auch die deutsche Rentenmark zu verbuchen, weil die von der deutschen Rentenbank ausgegebenen Rentenbankscheine auf Verlangen jederzeit gegen ihre auf Goldmark lautenden, mit 5 % verzinslichen Rentenbriefe eingelöst werden müssen.

Kontokorrentkonten nur in Goldmark. Bei der oben beschriebenen Buchführung in zwei Währungen werden, da für die Gewinn- und Verlustrechnung die Umrechnung aller Papiermarkposten in Goldmark grundsätzlich unverzüglich stattzufinden hat, über Lieferanten- und Kundenkonten in den Grundbüchern ausschließlich Goldmarkposten verbucht. Dementsprechend können auch auf die einzelnen Kontokorrentkonten der Lieferanten und Kunden nur Goldmarkposten übertragen werden. Die oft geübte überflüssige Doppelführung dieser Kontokorrentkonten in Papier- und Goldwährung wird dadurch ausgeschlossen. Den Ausgleich eines Kontos störende Differenzbeträge in Goldmark, die sich aus der Umwandlung in Papiermark geleisteter Zahlungen in Goldmark ergeben, sind, je nach Lage des Falls, über ein geeignetes Konto (z. B. Waren, Fabrikation, Unkosten od. dgl.) ganz oder teilweise auszugleichen oder zu bezahlen.

Devisenverbuchung. Angeschaffte und veräußerte Devisen aller Art sind mit den sich aus Abrechnungen in Papiermark auf Grund der amtlichen Berliner Mittelkurse ergebenden Goldmarkbeträgen dem Devisenkonto zu belasten bzw. gutzuschreiben. Beim Bücherabschluß weist dann das Devisenkonto im Hauptbuch nach Einsatz des zum Stichtage vorhandenen, zu den bezüglichen Tageskursen in Goldmark umgerechneten Devisenbestandes den Gewinn oder Verlust an der Devisenbewegung in Goldmark aus. Die jeweilig vorhandenen Bestände der einzelnen Währungen sind aus dem zu diesem Zweck mengenmäßig zu führenden Lagerbuch (Skontro) durch Saldierung feststellbar. Wer den auf Grund des Devisenkontos im Hauptbuch errechneten Gesamterfolg aus den Devisenumsätzen in bezug auf die einzelnen Währungen zerlegen will, muß im Devisenskontro neben den mengenmäßigen Notizen, im Einklang mit den Grundbuchungen über Devisenkonto, noch die Anschaffungskosten und Erlöse in Goldmark vermerken, um nach dem Einsatz der bilanzmäßigen Bestandwerte den Reinerfolg für jede Währung in Goldmark gesondert zu erhalten. Die mit der Devisenbewegung mehr oder weniger noch zusammenhängenden Papiermarkbeträge sind für das Devisenskontro von keinem Interesse mehr. Denn soweit die Papiermarkrechnung mit dem Erfolg aus Devisenbewegungen zusammenhängt, kommen die daraus resultierenden Gewinn- oder Verlustspannungen bei der oben beschriebenen Buchungsmethode im jeweiligen Saldo der Papiermarkkasse oder der Papiermark-Bankkonten zwangläufig zum Ausdruck.

Buch- und bilanztechnische Bedeutung der Kontrollkonten. Von besondrer Wichtigkeit für unsere Buchführung in zwei Währungen sind die oben (S. 24—25) bereits erwähnten Kontrolldoppelspalten. Denn diese Einrichtung dient nicht allein dazu, die für die einzelnen Sachkonten in den Journalen am Schluß jeder Seite und insbesondre zum Monatsschluß aufaddierten Soll- und Haben-Summen auf ihre rechnerische Richtigkeit zu kontrollieren, sondern sie wirkt sich in logischer Folge über die Kontrolle der Sachkonten im Hauptbuch hinaus auch als Kontroll- und gleichzeitig Berechnungsmittel für die Feststellung des Jahresdurchschnittskurses der Papiermark zur Jahresschlußbilanz aus. Dafür ein einfaches Beispiel.

Angenommen, die Posten einer als Goldmarkbilanz aufzustellenden Jahresschlußbilanz haben nach dem Hauptbuch und nach Einsetzung des Warenlagerwertes zunächst nachstehendes Aussehen:

Aktiva.			Passiva.		
Goldmarkkasse . . .	950,—	Gm..	Betriebsschulden . .	2290,—	Gm.
Waren	9280,—	„	Stammkapital	6000,—	„
Wechsel	1900,—	„	Jahresbetriebsgewinn	8190,—	„
Außenstände	3670,—	„			
Papiermarkkasse (in Milliarden)	7800	Pm.			
B ankguthaben (in Milliarden)	84680	„			

Diese Bilanz ist vorerst eine solche in zwei Währungen, weil ein Teil des Kassebestandes und das Bankguthaben nicht, wie die anderen Posten, auf Goldmark, sondern auf Papiermark lauten. Um die Bilanz zu einer reinen Goldmarkbilanz auszugestalten, ist nötig, die beiden Papiermarkposten zum Bilanzstichtag vorübergehend in Goldmarkposten umzuwandeln.

Zu dem Zweck ist vorweg wichtig, zu wissen, ob die in der Bilanz stehenden Goldmark- und Papiermarkposten überhaupt richtig sind. Denn ohne weiteres, wie dies bei einer Bilanzaufstellung in nur einer Währung der Fall ist, kann diese Richtigkeit aus den vorstehenden Zahlen nicht geschlossen werden, weil sich auf beiden Seiten der Bilanz ohne weiteres nicht mehr gleiche Summen ergeben, sobald eine Billmark nicht mehr = 1 Gm. ist. Die Probe auf die allgemeine Richtigkeit der beiden Währungssalden ist nun mit Hilfe unserer, aus den Kontrolldoppelspalten der Journale im Hauptbuch aufgebauten beiden Kontrollkonten für die Goldmark- und Papiermarkposten leicht ausführbar. Zu dem Zweck stellen wir im vorliegenden Fall den Saldo des Goldmark-Kontrollkontos zum Bilanzstichtage als Habensaldo in Höhe von 680 Gm., den des Papiermark-Kontrollkontos als Sollsaldo mit 92480 Milld. Pm. fest und überzeugen uns, daß die auf beiden Bilanzseiten stehenden Goldmarkposten tatsächlich einen Habensaldo von (zusammen 16480 Gm. Passivposten ·/· zusammen 15800 Gm. Aktivposten =) 680 Gm. ergeben, und daß auch der Sollsaldo von 92480 Milld. Pm. durch die (7800 Milld. Pm. Kasse und 84680 Milld. Pm. Bankguthaben mit zusammen =) 92480 Milld. Pm. genau gedeckt ist.

Daraus folgt: bilanzmäßig genommen, müssen nunmehr 680 Gm. = 92480 Milld. Pm. sein, um die Aktiva- und Passivaseite mit gleichen Summen abschließen zu lassen. Und hieraus folgt weiter: auf Grund sämtlicher buchmäßigen Umsätze im Bilanzjahr ergibt sich bei der Unternehmung ein Jahresdurchschnittskurs von (92480 Milld.: 680 =) 136 Milld. Pm. für 1 Gm. Und das bei einer Verbesserung des Papiermarkkurses von, sagen wir, 1 Bill. zu Beginn des Bilanzjahrs auf 40 Milld. bis zu dessen Ende. Kennen wir die Durchschnittskurse der Papiermark für die einzelnen Monate des Bilanzjahrs, so wird der vorstehend buchmäßig von uns ermittelte, bei der Unternehmung tatsächlich erzielte Jahresdurchschnittskurs jedenfalls lehrreich sein.

Für die Jahresschlußbilanz gilt statt des vorbesprochenen wirtschaftlich wissenswerten Jahresdurchschnittskurses der Papiermark deren amtlicher Berliner Mittelkurs am Bilanztage. Dieser Kurs wird, wie gesagt, im vorliegenden Fall mit 40 Milld. Pm. für 1 Gm. angenommen. Daraus folgt für die 7800 Milld. Pm. Kassebestand ein Betrag von (7800: 40 =) 195 Gm. und für die 84680 Milld. Pm. Bankguthaben ein Betrag von (84680:40 =) 2117 Gm. — Von den 195 Gm. Kassebestand sind auf Grund anteiliger Umrechnung 57,35 Gm. auf den tatsächlich erzielten Jahresdurchschnittskurs der Papiermark und 137,65 Gm. auf den Kurs der Papiermark am Bilanztage zurückzuführen. Entsprechend lauten die beiden Zahlen für die 2117 Gm. Bankguthaben auf 622,65 Gm. und 1494,35 Gm. —

Setzt man diese Goldmarkwerte statt der Papiermarkwerte in die Bilanz ein, so stellt diese sich wie folgt dar:

Aktiva.			Passiva.		
Goldmark-Kassebestand	950,—	Gm.	Betriebsschulden . .	2290,—	Gm.
Umgerechneter Papiermark-Kassebestand	195,—	„	Stammkapital	6000,—	„
Umgerechnetes Bankguthaben	2117,—	„	Jahresbetriebsgewinn	8190,—	„
Waren	9280,—	„	Papiermark-Kursgewinn	1632,—	„
Wechsel	1900,—	„			
Außenstände	3670,—	„			
	18112,—	Gm.		18112,—	Gm.

Der gesamte bilanzmäßige Gewinn zerfällt hiernach in den ordentlichen Betriebsgewinn, der nach der Gewinn- und Verlustrechnung 8190 Gm. beträgt, und in den außerordentlichen Papiermark-Kursgewinn, der sich auf 1632 Gm. beziffert. Hätte die Papiermark statt der hier angenommenen Besserung im Lauf des Bilanzjahrs fortdauernd eine weitere Entwertung erfahren, so würde statt des bezüglichen Kursgewinnes ein Kursverlust daran entstanden sein.

Zur abschlußmäßigen Erledigung der vorübergehenden Umwandlung der Sollsalden auf dem Papiermark-Kassekonto und auf dem Papiermark-Bankkonto in Goldmark sind folgende Buchungen erforderlich:

Erkennung des Papiermark-Kassekontos mit 7800 Milld. Pm. zum vorübergehenden Ausgleich.

Erkennung des Papiermark-Bankkontos mit 84680 Milld. Pm. zum vorübergehenden Ausgleich.

Belastung des Goldmark-Kassekontos mit 57,35 Gm. als Gegenwert von 7800 Milld. Pm. zum tatsächlich erzielten Jahresdurchschnittskurs von 136 Milld. Pm. für 1 Gm. —

Belastung des Goldmark-Kassekontos mit 137,65 Gm. —

Erkennung des Gewinn- und Verlustkontos oder eines geeigneten Unterkontos mit 137,65 Gm. —

Beides als Gegenwert für den durch die Bilanzierung der 7800 Milld. Pm. zum Jahresschlußkurse von 40 Milld. Pm. für 1 Gm. entstandenen bilanzmäßigen Mehrwert bzw. Kursgewinn.

Belastung des Goldmark-Bankkontos mit 622,65 Gm. als Gegenwert von 84680 Milld. Pm. zum tatsächlich erzielten Jahresdurchschnittskurs von 136 Milld. Pm. für 1 Gm. —

Belastung des Goldmark-Bankkontos mit 1494,35 Gm. —

Erkennung des Gewinn- und Verlustkontos oder eines geeigneten Unterkontos mit 1494,35 Gm. —

Beides als Gegenwert für den durch die Bilanzierung der 84680 Milld. Pm. zum Jahresschlußkurse von 40 Milld. Pm. für 1 Gm. entstandenen bilanzmäßigen Mehrwert bzw. Kursgewinn.

Danach sind Goldmark-Kassekonto und Goldmark-Bankkonto mit den durch Umrechnung zum Jahresschlußkurs ermittelten Goldmarkbeträgen voll belastet, und gleichzeitig ist der dabei festgestellte Kursgewinn der Gewinn- und Verlustrechnung ordnungsmäßig zugeführt.

Die in Rede stehende Beispielsbilanz würde dann so aussehen:

Aktiva.			Passiva.		
Kassebestand	1145,—	Gm.	Stammkapital	6000,—	Gm.
Bankguthaben	2117,—	„	Betriebsschulden	2290,—	„
Waren	9280,—	„	Reingewinn	9822,—	„
Wechsel	1900,—	„			
Außenstände	3670,—	„			
	18112,—	Gm.		18112,—	Gm.

Nur der Andeutung bedarf, daß die zum Jahresschlußkurs in Goldmark umgerechneten und bilanzierten Papiermarkwerte des Kassebestandes und Bankguthabens zu Beginn des Folgejahrs in voller Höhe der Goldmarkbeträge auf den beiden Goldmarkkonten zurückgebucht und mit den zum Jahresschluß abgebuchten Papiermarkbeträgen auf den beiden Papiermarkkonten erneut vorgetragen werden müssen.

Will man nicht auch die Abschlußposten über die Kontrollkonten führen, kann man diese Konten zur Neueröffnung für das Folgejahr mit der Summe der Aktiva- und der Passivaseite der voraufgegangenen Jahresschlußbilanz ordnungsmäßig belasten und erkennen. Dies gilt auch für die Postensummen der Goldmark-Eröffnungsbilanz. Unbedingt erforderlich ist die Übernahme der Bilanzsummen auf die Kontrollkonten jedoch nicht, weil jene Summen stets einander gleich, auf die Salden der Kontrollkonten also nicht von Einfluß sind. Demnach genügt, die Posten der laufenden Geschäftsbewegung einschließlich der Rückbuchungen und Neuvorträge nach Art der im voraufgegangenen Absatz bezeichneten über die Kontrollkonten zu führen.

Schließlich sei noch erwähnt, daß die in dieser Schrift geschilderte Buchführung in zwei Währungen durch Ausschaltung der beiden Kontrolldoppelspalten und der beiden Kontrollkonten im Hauptbuch im Fall endgültiger Rückkehr zur reinen Goldwährung jederzeit in eine Normalbuchführung mit Spezialjournalen überführt werden kann.

Verordnung über Buchführung auf wertbeständiger Grundlage.

Nach der Fertigstellung der vorliegenden Broschüre wird die Verordnung vom 25. Januar 1924 über Buchführung auf wertbeständiger Grundlage nach Artikel I § 32 der zweiten Steuernotverordnung (RGBl. Nr. 5 vom 29. Januar 1924 S. 35—36) bekannt. Diese Verordnung lautet:

Auf Grund des Artikels I § 32 Abs. 2 der zweiten Steuernotverordnung vom 19. Dezember 1923 (RGBl. 1 S. 1205) wird im Benehmen mit dem Herrn Reichswirtschaftsminister folgendes bestimmt:

§ 1.

Bücher gelten im Sinne des Artikels I § 32 Abs. 1 der zweiten Steuernotverordnung vom 19. Dezember 1923 (RGBl. I S. 1205) als auf wertbeständiger Grundlage geführt, wenn in ihnen spätestens vom 1. Februar 1924 ab sämtliche Geldbeträge entweder in Goldmark oder in amerikanischen Dollars oder in englischen Pfunden oder in holländischen Gulden oder in Schweizer Franken unter Beachtung der Bestimmungen des § 3 gebucht sind.

Sofern nach Inkrafttreten dieser Verordnung die Umstellung der Buchführung auf ein Zahlungsmittel der im Abs. 1 bezeichneten Art erfolgt, sind die Bücher mit dem 31. Januar 1924 abzuschließen. Dabei sind die Summen der Geldbeträge aus den einzelnen im Monat Januar 1924 gebuchten Geschäftsvorfällen zu ermitteln und in das Zahlungsmittel umzurechnen, auf welches die Buchführung umgestellt wird. Die Umrechnung hat nach dem auf Grund der amtlichen Berliner Kurse für Auszahlung errechneten Mittelkurse des letzten Börsennotiztages im Monat Januar 1924 zu erfolgen.

Als Goldmark im Sinne dieser Verordnung gilt der Gegenwert von $^{10}/_{42}$ des nordamerikanischen Dollars.

§ 2.

Bücher gelten auch dann im Sinne des Artikels I § 32 Abs. 1 der zweiten Steuernotverordnung als auf wertbeständiger Grundlage geführt, wenn in ihnen sämtliche Geldbeträge in Billmark (1 Bill. Pm.) oder in Rentenmark unter Beachtung der Bestimmungen des § 3 insolange gebucht sind, als der Wert einer Billmark oder einer Rentenmark gleich dem Werte einer Goldmark ist. Falls dieses Wertverhältnis nicht mehr gegeben sein sollte, müssen die Bücher in Goldmark geführt werden; für die vorher gebuchten Geldbeträge gilt eine Billmark oder eine Rentenmark gleich einer Goldmark.

§ 3.

Die Führung der Bücher muß unbeschadet der allgemeinen gesetzlichen Vorschriften und insbesondre der §§ 162, 163 der Reichsabgabenordnung unter Beachtung der nachstehenden Bestimmungen erfolgt sein:

1. Die Bestände nach der Eröffnungsbilanz auf den 1. Januar 1924 müssen für die Buchführung in wertbeständiger ausländischer Währung (§ 1 Abs. 1) in diese Währung umgerechnet sein. Die Umrechnung hat nach dem auf Grund der amtlichen Berliner Kurse für Auszahlung errechneten Mittelkurse des letzten Börsennotiztages im Monat Dezember 1923 zu erfolgen. Über die Eröffnungsbilanz nach Artikel I § 34 der zweiten Steuernotverordnung ergeht besondre Bestimmung[1]).

2. Sämtliche Geschäftsvorfälle müssen jeweils unverzüglich in die Bücher eingetragen sein. Sofern hierbei die Buchungen solche Zahlungsmittel betreffen, in denen die Bücher nicht geführt werden, sind diese Zahlungsmittel durch die Buchung ersichtlich zu machen. Die Umrechnung in ein Zahlungsmittel der in §§ 1, 2 bezeichneten Art hat unverzüglich bei der Buchung zu erfolgen. Der Umrechnung ist der zur Zeit des gebuchten Vorganges maßgebende Mittelkurs zugrunde zu legen, der am letzten Börsennotiztage nach den amtlichen Berliner Kursen für Auszahlung errechnet ist. Die Bestimmung des § 1 Abs. 2 wird hierdurch nicht berührt.

§ 4.

Die Verordnung tritt mit dem Tage in Kraft, der auf ihre Verkündung im Reichsgesetzblatt folgt.

Diese Bestimmungen sind auf den bezüglichen Inhalt der vorliegenden Schrift durchweg anwendbar. Die hier beschriebene Gold-

---

[1]) Wortlaut des § 34 aus Artikel I der zweiten Steuernotverordnung vgl. oben S. 2.

markbuchführung beruht infolge der grundsätzlichen sofortigen Umrechnung jedes Buchungspostens in Goldmark auf wertbeständiger Grundlage.

Sofern als wertbeständig vorerst anzusehende und dementsprechend zu verbuchende Zahlungsmittel, wie beispielsweise die Rentenmark, infolge neuer Inflationen etwa minderwertig werden würden, wären darauf beruhende Posten wie Papiermarkposten kursmäßig in Goldmark umzurechnen und so umgerechnet auch zu verbuchen.

Anhang.

Durchführungsbestimmungen.

Nachdem die Durchführungsbestimmungen zur Aufstellung der Goldmark-Eröffnungsbilanzen und zu den daraus folgenden Umstellungsvorgängen unterm 28. März 1924 vom Reichsjustizministerium als „Zweite Verordnung zur Durchführung der Verordnung über Goldbilanzen“ (Reichsgesetzblatt 1924 Nr. 28 S. 385—395) veröffentlicht sind, werden sie als Ergänzung der vorliegenden, seit Anfang Februar bereits fertiggestellten Schrift im folgenden wörtlich mitgeteilt.

Zur Erleichterung der Übersicht wird neben einer selbständigen, vom amtlichen Text mehr oder weniger abweichenden Gliederung des Stoffs teilweise auch eine entsprechende Umgruppierung der Paragraphen erforderlich. Auf die einschlägigen Ausführungen der Schrift wird hingewiesen und von Fall zu Fall notwendig erscheinende textliche Zusätze werden den bezüglichen Stellen der Verordnung noch angefügt werden.

Teil I.

Bilanztermine und Verlegung der Geschäftsjahre.

§ 2.

Die Eröffnungsbilanz darf frühstens für den 1. Juli 1923 aufgestellt werden.

Wird die Eröffnungsbilanz für einen frühern Zeitpunkt als für den Beginn des neuen Geschäftsjahrs aufgestellt, so kann das Geschäftsjahr, auch mit rückwirkender Kraft, so verlegt werden, daß es mit dem Kalendertag beginnt, der dem Stichtag der Eröffnungsbilanz entspricht; der bis zu jenem Zeitpunkt abgelaufene Teil des laufenden Geschäftsjahrs kann in diesem Fall dem vorhergehenden Geschäftsjahr hinzugerechnet werden; die Dauer des so verlängerten Geschäftsjahrs darf jedoch achtzehn Monate nicht überschreiten.

Wird die Eröffnungsbilanz für einen frühern Zeitpunkt als für den Beginn des neuen Geschäftsjahrs aufgestellt, ohne daß zugleich das Geschäftsjahr verlegt wird, so kann der bis zu jenem Zeitpunkt abgelaufene Teil des laufenden Geschäftsjahrs dem vorhergehenden und der noch nicht abgelaufene Teil dem neuen Geschäftsjahr hinzugerechnet werden; die

Dauer eines so verlängerten Geschäftsjahrs darf jedoch achtzehn Monate nicht überschreiten.

Die Vorschrift des § 2 Abs. 2 Satz 2 Halbsatz 2 der Verordnung über Goldbilanzen über die Verlängerung der im § 260 Abs. 2 HGB.* bezeichneten Frist gilt auch für die im § 41 Abs. 2, 3 des Gesetzes, betreffend die Gesellschaften mit beschränkter Haftung, bestimmte Frist. Die Fristen sind auf Antrag bis auf neun Monate, bei Gesellschaften, deren Unternehmen den Betrieb von Geschäften in überseeischen Ländern zum Gegenstand hat, bis auf ein Jahr zu verlängern. Der Antrag auf eine solche Verlängerung darf nur abgelehnt werden, wenn nach Lage der Sache eine Verlängerung untunlich erscheint.

Hierzu ist zunächst hervorzuheben, daß nach § 2 der Verordnung über Goldbilanzen (vgl. oben S. 1 am Schluß) die Goldmark-Eröffnungsbilanzen spätestens für den 1. Januar 1924 oder bei vom Kalenderjahr abweichenden Geschäftsjahren später aufzustellen waren. Mit Abs. 1 des vorstehenden § 2 der Durchführungsbestimmungen ist als frühster Bilanzstichtag nunmehr der 1. Juli 1923 festgesetzt.

Bei Unternehmungen, deren Geschäftsjahr ohnehin sich als ungünstig gewählt erwiesen hat, wird anläßlich der Umstellung der Buchführung und Bilanzierung auf Goldmark das bisherige Geschäftsjahr im Sinne der Vorschriften der Abs. 1 und 2 des vorstehenden § 2 nunmehr rückwirkend zweckmäßig noch verlegt werden.

Unternehmer oder Kapitalgesellschaften mit vom Kalenderjahr abweichendem Geschäftsjahr, die zwar ihr Geschäftsjahr nicht verlegen, die Aufstellung ihrer Goldmark-Eröffnungsbilanz mit der Aufstellung ihrer Vermögensteuerbilanz zur Vereinfachung der Bilanzarbeiten aber zusammenlegen wollen, werden nach Abs. 3 des vorstehenden § 2 verfahren.

Die mit Abs. 4 des § 2 der Durchführungsverordnung herangezogenen § 260 Abs. 2 HGB. und § 41 Abs. 2, 3 G. m. b. H.-Gesetzes betreffen die Aufstellung bzw. Vorlegung der regelmäßigen Jahresbilanzen, der Gewinn- und Verlustrechnungen und der Geschäftsberichte.

Bewertung der Vermögensgegenstände. Die für die Goldmark-Eröffnungsbilanzen äußerst bedeutsamen Bewertungsfragen sind in den Durchführungsbestimmungen wie folgt geregelt worden.

§ 1.

Für die Berechnung der Goldmark ist der auf Grund der amtlichen Berliner Kurse für Auszahlung New York errechnete Mittelkurs des letzten Börsentages maßgebend. Soweit ein solcher Kurs nicht besteht, trifft die Reichsregierung die näheren Bestimmungen.

§ 3.

Bei der Aufstellung der Eröffnungsbilanz sind die Vorschriften der dritten Steuernotverordnung auch dann zu berücksichtigen, wenn der Stichtag der Eröffnungsbilanz vor ihrem Inkrafttreten liegt.

Wird die Eröffnungsbilanz für einen frühern Zeitpunkt als den 1. Januar 1924 aufgestellt, so dürfen die Wertansätze nicht über den Betrag hinausgehen, der sich ergeben hätte, wenn die gleichen Gegenstände am 1. Januar 1924 hätten bewertet werden müssen; nach dem Bilanzstichtag und vor der Aufstellung der Bilanz getilgte Forderungen sind höchstens mit dem gezahlten Goldmarkbetrage, nicht getilgte höchstens mit dem Goldmarkwert anzusetzen, der ihnen am 1. Januar 1924 beizumessen war; die Vorschrift im Absatz 1 bleibt unberührt.

Mit Abs. 1 des § 3 wird ausdrücklich angeordnet, daß die Vorschriften der dritten Steuernotverordnung bei der Aufstellung der Goldmark-Eröffnungsbilanz auch dann zu berücksichtigen sind, wenn der Stichtag der Goldmark-Eröffnungsbilanz vor dem Inkrafttreten der dritten Steuernotverordnung liegt. Die dritte Steuernotverordnung ist mit dem 14. Februar 1924 in Kraft getreten; sie gilt demnach für die Goldmark-Eröffnungsbilanzen mit vor dem 14. Februar 1924 und vom 14. Februar 1924 an liegenden Stichtagen, mithin für sämtliche Goldmark-Eröffnungsbilanzen. Bei der großen materiellen Bedeutung der mit der dritten Steuernotverordnung vorerst geregelten Fragen, insbesondre der Aufwertungsfragen, war im Interesse einheitlicher Aufstellung der Goldmark-Eröffnungsbilanzen unumgänglich notwendig, die bilanzmäßig wichtigen Bestimmungen jener Steuernotverordnung auch rückwirkend als maßgebend zu erklären. Allerdings darf hierbei nicht unbemerkt bleiben, daß keineswegs feststeht, ob die mit der dritten Steuernotverordnung getroffenen Aufwertungsbestimmungen in absehbarer Zeit, nach wahrscheinlich stark veränderter Zusammensetzung des Reichstags, nicht tiefgreifende Änderungen erfahren werden. Solche Änderungen, die großen Teilen unsers schwer geprüften Volkes unbedingt erforderlich erscheinen, würden naturgemäß auch auf die Goldmark-Eröffnungsbilanzen entsprechende materielle Wirkungen haben. Von dieser Frage betroffene, vorsichtig bilanzierende Unternehmer oder Kapitalgesellschaften werden deshalb überlegen müssen, ob sie über die mit der dritten Steuernotverordnung für die bekannten Schuldengruppen vorerst festgelegte Aufwertung hinaus nicht in gewissem weitern Umfang bilanzmäßige Rückstellungen machen wollen. Unterlassen sie dies und kommt es später zu verschärfter Aufwertung jener Schuldposten, so fallen die Mehrbeträge entweder schon dem Geschäftsjahr 1924 oder anteilig auch noch späteren Geschäftsjahren zur Last.

Der Abs. 2 des vorstehenden § 3 enthält zunächst die Bestimmung, daß die Wertansätze auch für Goldmark-Eröffnungsbilanzen, die für einen frühern Zeitpunkt als den 1. Januar 1924 aufgestellt sind, nicht höher als die Wertansätze sein dürfen, die für dieselben Vermögensgegenstände am 1. Januar 1924 anzusetzen sein würden. Dieser Bestimmung hat offenbar der Gedanke zugrunde gelegen, daß die Goldmarkpreise in der Zeit vom 1. Juli 1923 bis zum 1. Januar 1924 nicht gestiegen, sondern gesunken sind. Solche Annahme trifft aber nicht für alle Branchen zu.

Sodann ist mit § 3 Abs. 2 angeordnet, daß in der Zeit zwischen Stichtag der Goldmark-Eröffnungsbilanz und Aufstellung dieser Bilanz getilgte Forderungen höchstens mit dem gezahlten Goldmarkbetrage, zur Zeit der Bilanzaufstellung dagegen noch nicht getilgte Forderungen höchstens mit dem Goldmarkwert anzusetzen sind, der ihnen am 1 Januar 1924 beizumessen war, oder der ihnen beizumessen ist, soweit es sich um Posten handelt, die der dritten Steuernotverordnung unterliegen und für die Goldmark-Eröffnungsbilanzen, wie oben schon gesagt, rückwirkend entsprechend aufzuwerten sind. Mit der Befolgung dieser Vorschriften wird erreicht, daß in der Zeit vom Bilanzstichtag bis zur Aufstellung der Goldmark-Eröffnungsbilanz getilgte Forderungen für das Geschäftsjahr insoweit weder Gewinn noch Verlust bringen können, wie bilanzmäßiger Höchstansatz und tatsächliche Deckung gleich hoch sind. Und beim Ansatz der zur Zeit der Bilanzaufstellung noch nicht getilgten Forderungen in Höhe des Goldmarkwertes vom 1. Januar 1924 wird Gewinn oder Verlust bei der spätern Regulierung der Forderungen solange ausgeschlossen, wie die Mark nicht erneut Bewegungen nach oben oder unten unterworfen ist.

§ 4.

Der Wertunterschied (§ 4 Abs. 3 der Verordnung über Goldbilanzen) ist für die einzelnen Bilanzkonten auszuweisen.

Der Ausweis ist nicht erforderlich für Konten über Waren aller Art, insbesondre Rohstoffe, Halb- und Fertigfabrikate und Betriebsmaterialien, sowie für Konten über Wertpapiere und ausländische Zahlungsmittel, soweit die Wertpapiere und ausländischen Zahlungsmittel einen Börsen- oder Marktpreis haben.

Soweit ein Anschaffungs- oder Herstellungspreis nicht oder nicht einwandfrei oder nur mit unverhältnismäßigem Aufwand zu ermitteln ist, gilt für die im § 261 Nr. 3 HGB. bezeichneten Gegenstände der für den Stichtag der Eröffnungsbilanz maßgebende Anschaffungs- oder Herstellungspreis nach Abzug eines Drittels; von diesem Betrage sind die dem Alter und der Lebensdauer entsprechenden Abschreibungen abzuziehen.

Der Anschaffungs- oder Herstellungspreis ist in Goldmark (§ 1) zu berechnen.

Auf S. 4 letzter Absatz—S. 5 und S. 9 vorletzter Absatz dieser Schrift ist der Erwartung Ausdruck gegeben, daß die den Kapitalgesellschaften mit § 4 Abs. 3 der Verordnung über Goldbilanzen auferlegte Pflicht, den Wertunterschied zwischen den etwa höheren bilanzmäßigen Ansätzen und den Anschaffungs- oder Herstellungskosten in der Goldmark-Eröffnungsbilanz gesondert auszuweisen, wegen der damit vielfach verbundenen Schwierigkeiten aufgehoben oder wenigstens gemildert werden möge. Diese Erwartung ist mit Abs. 2 des vorstehend mitgeteilten § 4 der Durchführungsverordnung erfüllt worden. Denn danach ist der bilanzmäßige Ausweis des vorbezeichneten Wertunterschiedes nur noch erforderlich für Wertpapiere und Devisen ohne Börsen- oder Marktpreis und für die zum Anlagekapital gehörigen Vermögensgegenstände (Grundstücke, Gebäude, Maschinen, Inventar, Firmawert, Patent- und Verlagsrechte u. dgl.). Dagegen sind die in den Goldmark-Eröffnungsbilanzen ausgewiesenen Werte der Waren aller Art, also auch der Rohstoffe, Betriebsmaterialien, Halb- und Fertigfabrikate, ferner der Wertpapiere und Devisen mit Börsen- oder Marktpreisen, also der wichtigsten Teile des Betriebskapitals, von dem bilanzmäßigen Ausweis des oben besprochenen Wertunterschiedes befreit. Diese Milderung bedeutet eine wesentliche Erleichterung der für die Aufstellung der Goldmark-Eröffnungsbilanzen zu leistenden Arbeiten. Hiermit soll jedoch keineswegs verkannt werden, daß der bilanzmäßige Ausweis des Wertunterschiedes für die Teile des Anlagekapitals zur Beurteilung der in der Goldmark-Eröffnungsbilanz einer Kapitalgesellschaft für diese Vermögensteile gebildeten stillen Reserven zweifellos von Wert ist.

Für Anschaffungs- oder Herstellungspreise, die für den oben besprochenen Ausweis des Wertunterschiedes in der Goldmark-Eröffnungsbilanz nicht oder nicht einwandfrei oder nur mit unverhältnismäßigem Aufwand zu ermitteln sind, enthält Abs. 3 des vorstehenden § 4 eine Sondervorschrift, soweit es sich um die in § 261 Nr. 3 HGB. bezeichneten Vermögensgegenstände, nämlich um die Teile des oben schon umschriebenen Anlagekapitals handelt. Nach jener Sondervorschrift sind unter den vorgenannten Voraussetzungen als Anschaffungs- oder Herstellungskosten die für den Stichtag der Goldmark-Eröffnungsbilanz maßgebenden Anschaffungs- oder Herstellungspreise nach Abzug eines Drittels anzusetzen, wovon noch die nach Maßgabe der Lebensdauer einerseits und der schon abgelaufenen Gebrauchsdauer anderseits zu berechnenden Abschreibungen abzusetzen sind. Das vom Goldmarkpreis des Bilanzstichtags abzuziehende Drittel bedeutet den durchschnittlichen Ausgleich für die infolge gesunkener Kaufkraft des Goldes eingetretene Steigerung der Goldmarkpreise.

Zusammenfassendes über die Eröffnungswerte. Aus den vorstehenden Darlegungen ist das Folgende ableitbar: Auch die Durchführungsbestimmungen zur Verordnung über Goldbilanzen haben grundsätzliche und allgemeine Einschränkungen der Bewegungsfreiheit bei der Bewertung der Vermögensgegenstände für die Goldmark-Eröffnungsbilanzen nicht gebracht.

Demnach sind der Unterbewertung bis auf einen Goldpfennig, also der Bildung neuer oder der Erhaltung früher schon geschaffener stiller Reserven Grenzen nicht gezogen. Zwischen dem Goldpfennig und dem jeweilig höchsten der beiden in Goldmark auszudrückenden Wertansätze: Tageswert oder Anschaffungs- oder Herstellungskosten abzüglich in Frage kommender Abschreibungen dürfen die Vermögensteile für die Goldmark-Eröffnungsbilanzen nach vernünftigem Ermessen bewertet werden. Es ist auch nicht erforderlich, daß bei einer bestimmten Unternehmung oder in bezug auf eine bestimmte Vermögensgruppe entweder nur Tageswerte oder nur Anschaffungs- oder Herstellungskosten zum Ansatz kommen, sondern die Wertansätze dürfen innerhalb der vorerwähnten Höchst- und Mindestgrenzen von Fall zu Fall nach verschiedenen Gesichtspunkten festgesetzt werden. So können und werden beispielsweise selbständige Unternehmer, Direktoren oder Geschäftsführer, die für 1924 mit einem nur geringen Reingewinn oder womöglich mit einem Reinverlust rechnen, das Warenlager in der Goldmark-Eröffnungsbilanz unterzubewerten geneigt sein. Das schließt die Bewertung der Teile des Anlagekapitals mit gerade noch gestatteten Höchstwerten jedoch nicht aus, um in späteren Jahren zu erwartende Reingewinne auf Grund dieser Werte durch entsprechend höhere Abschreibungen drücken zu können. Aber auch an mehr oder minder starker Unterbewertung der Teile des Anlagekapitals kann Interesse bestehen, wenn beispielsweise betriebliche Neubauten erheblichen Umfangs, Neuanschaffungen von Maschinen usw. während der kommenden Jahre in Aussicht genommen sind und man im Hinblick auf die später darauf vorzunehmenden Abschreibungen die schon vorhandenen Betriebsgegenstände in der Goldmark-Eröffnungsbilanz niedrig ansetzen zu müssen glaubt. Dies alles ist nur möglich, weil die Kontinuität, die sonst zwischen den Wertansätzen einer regelmäßigen Jahresschlußbilanz und den ihr folgenden Bilanzvortragsposten für das Folgejahr grundsätzlich einzuhalten war und künftig wieder einzuhalten sein wird, bei der Aufstellung der Goldmark-Eröffnungsbilanz ausnahmsweise mehr oder weniger aufgehoben ist. Anders hätte man auch nicht verfahren dürfen, ohne der Goldmark-Eröffnungsbilanz ihre Zweckerfüllung unmöglich zu machen, die darin besteht, jedem wirtschaftlichen Unternehmen die für seine Wiederaufwärtsentwicklung erforderliche bilanzielle Grundlage zu geben. Zu den Ausführungen dieses Absatzes sei im übrigen auf S. 2—7 dieser Schrift verwiesen.

Bei der Bewertung der Vermögensteile für die Goldmark-Eröffnungsbilanz ist von den Verwaltungsorganen der Kapitalgesellschaften nicht zuletzt auch daran zu denken, wie eine bestimmte Bewertungspolitik auf die Umstellung der Grund- oder Stammkapitalien auf Goldmark und infolgedessen besonders auf die Stellungnahme der nur gering beteiligten Anteilseigner (Kleinaktionäre) sich auswirkt. Im großen und ganzen werden die Verwaltungsorgane hierbei einen um so schwierigern Standpunkt haben, je mehr das Grund- oder Stammkapital verwässert ist. Je mehr dies zutrifft, um so mehr wird, besonders, wenn gleichzeitig Kapitalbedarf vorliegt und für die bankmäßige Kreditbeschaffung eine nicht zu hagere Bilanz gebraucht wird, das Bestreben vorherrschen, in der Goldmark-Eröffnungsbilanz auf stille Reserven zu verzichten, vielmehr sich den Bewertungshöchstgrenzen zu nähern.

Die Goldmark-Eröffnungsbilanz ist im Sinne des § 39 HGB. ordnungsmäßig aufgestellt, wenn sie alle Vermögensgegenstände, statthaft bewertet und übersichtlich geordnet, enthält. Zur Vollständigkeit der Bilanzierung gehört, daß geschenkt erhaltene und nicht gebuchte oder käuflich erworbene und inzwischen gänzlich abgeschriebene, jedoch zum Bilanzstichtage noch im Gebrauch gewesene Vermögensteile mit den ihnen für jenen Tag noch beizulegenden Werten zum bilanzmäßigen Ansatz gebracht (reaktiviert) werden (vgl. oben S. 12). Denn derartige Reaktivierungen sind auch mit den Durchführungsbestimmungen zur Verordnung über Goldbilanzen von der Bilanzierung nicht ausgeschlossen worden.

Goldmark-Eröffnungsbilanz und Vermögensteuerbilanz. Wie schon gesagt (vgl. oben S. 11 letzter Absatz—12), ist zur Erleichterung der Bilanzarbeiten wünschenswert, die Goldmark-Eröffnungsbilanz nach denselben Grundsätzen aufzustellen, wie die ebenfalls in Goldmark zu fertigende Vermögenssteuerbilanz zum 31. Dezember 1924. Da die Durchführungsbestimmungen zur Verordnung über Goldbilanzen Entgegenstehendes nicht enthalten, wird man jene beiden Bilanzen nunmehr einheitlich aufstellen, sofern die Lage im Einzelfall für die Goldmark-Eröffnungsbilanz nicht andere Wertansätze notwendig erscheinen läßt. Wer die Goldmark-Eröffnungsbilanz der Vermögensteuerbilanz entsprechend aufstellt, gelangt jedenfalls zu einer der Wahrheit ziemlich nahe kommenden Vermögensdarstellung, weil die für die Vermögenssteuer mit der zweiten Steuernotverordnung vom 19. Dezember 1923 und den Durchführungsbestimmungen vom 8. März 1924 festgelegten Bewertungsvorschriften den gegenwärtigen wirtschaftlichen Verhältnissen im allgemeinen gerecht geworden sind. In drei Punkten weichen die für die Vermögensteuerbilanzen mit den Durchführungsbestimmungen vorgeschriebenen Bewertungsrichtlinien von den für die Goldmark-Eröffnungsbilanzen in Frage kommenden, oben besprochenen Wertansätzen ab; nämlich bezüglich der Bewertung der Dividendenpapiere (nur halber Wertansatz beim Eigentümer), ferner der Schuldverschreibungen und der Forderungen und Schulden (keine Berücksichtigung der Aufwertung nach der dritten Steuernotverordnung; vgl. § 33 Abs. 3, §§ 37, 38, 40 Abs. 1 und 2, § 44 der Durchführungsbestimmungen vom 8. März 1924 für die Vermögensteuer). Näheres Eingehen auf diese Besonderheiten ist im Rahmen dieser Schrift nicht möglich. Dagegen deckt die oben (S. 6 unter Nr. 3) angegebene Art der Bewertung des Anlagekapitals für die Goldmark-Eröffnungsbilanzen sich mit der entsprechenden Vorschrift in § 31 Abs. 2 der Durchführungsbestimmungen vom 8. März 1924 für die Vermögensteuerbilanzen. Die Abweichungen sind für die ohnehin nur außerhalb der Geschäftsbücher aufzustellende Vermögensteuerbilanz leicht zu berechnen und zum Ansatz zu bringen. Von nicht zu unterschätzender Wichtigkeit ist außerdem die mit § 33 Abs. 2 der Durchführungsbestimmungen vom 8. März 1924 zur Vermögensteuer getroffene Anordnung, wonach Warenvorräte aller Art statt mit den Goldmarkpreisen vom 31. Dezember 1923 mit den zum 1. April 1924 gültigen Preisen bewertet werden dürfen, falls diese niedriger als jene sind. Diese Unterbewertung ist nach dem darüber Gesagten auch für die Goldmark-Eröffnungsbilanzen gestattet. In diesem Zusammenhang sei nochmals daran erinnert, daß, wie oben (Fußnote S. 12) gesagt, die in der Goldmark-Eröffnungsteuerbilanz angesetzten Werte für die Veranlagung zur Vermögensteuer als Mindestwerte anzusetzen sind. Demzufolge muß damit gerechnet werden, daß die Finanzämter die Goldmark-Eröffnungshandelsbilanzen zum Vergleich mit den Vermögensteuerbilanzen vielfach heranziehen werden, wenn die Eröffnungshandelsbilanz gleichzeitig als Eröffnungsteuerbilanz gelten soll. In diesen Fällen ist ratsam, mit der Aufstellung der Eröffnungshandelsbilanz zu warten, bis die Durchführungsbestimmungen zu der Eröffnungssteuerbilanz erschienen sind.

Dem sei ergänzend hinzugefügt, daß die Goldmark-Eröffnungsbilanz als Handelsbilanz infolge der für ihre Aufstellung gewährten Bewegungsfreiheit mit der nach § 34 des Artikels I C der zweiten Steuernotverordnung (vgl. oben S. 2 Abs. 3) aufzustellenden Eröffnungsteuerbilanz verständlicherweise übereinstimmen kann und darf, nicht jedoch auch übereinstimmen muß.

Von den besprochenen Abweichungen abgesehen, werden vorwiegend Einzelunternehmer und Personalgesellschaften Vermögensteuerbilanz und Goldmark-Eröffnungsbilanz übereinstimmend aufstellen können. Bei Kapitalgesellschaften werden dagegen nicht selten Interessenkonflikte solche übereinstimmende Bilanzierung unmöglich machen. Und sodann ist nach Artikel II § 3 Abs. 1 Nr. 4 der zweiten Steuernotverordnung für die Kapitalgesellschaften hierzu noch in Betracht zu ziehen, daß deren Vermögen mit mindestens dem Betrage zur Vermögensteuer herangezogen wird, der der Summe der für die Anteile an der Gesellschaft und für die von der Gesellschaft ausgegebenen Genußscheine und Schuldverschreibungen festgesetzten Steuerkurswerte oder ermittelten Verkaufswerte entspricht.

Stimmrecht bei Bilanzgenehmigung.

§ 5.

Zu einer Beschlußfassung der Generalversammlung einer Aktiengesellschaft oder Kommanditgesellschaft auf Aktien über die Genehmigung der Eröffnungsbilanz und die Umstellung genügt einfache Stimmenmehrheit; das Stimmrecht wird nach den Aktienbeträgen ausgeübt. Das gilt auch dann, wenn im Gesellschaftsvertrag etwas andres bestimmt ist. Eine gesonderte Abstimmung der Aktionäre mehrerer Gattungen von Aktien findet nicht statt. Diese Vorschriften finden auf die Gesellschaften mit beschränkter Haftung entsprechende Anwendung.

Die Vorschriften, daß zur Beschlußfassung über die Genehmigung der Goldmark-Eröffnungsbilanz und über die Umstellung einfache Stimmenmehrheit genügt, das Stimmrecht nach den Aktienbeträgen ausgeübt wird und eine gesonderte Abstimmung der Aktionäre mehrerer Gattungen von Aktien nicht stattfindet, erscheinen bedenklich, wenn man sich vergegenwärtigt, daß während der Inflationsjahre Vorzugsaktien mit mehrfachem Stimmrecht fast ausschließlich geschaffen sind, um den Einfluß ausländischer Aktionäre auszuschalten.

Umstellung keine Konvertierung.

§ 6.

Die Umstellung gilt nicht als Konvertierung im Sinne des § 38 Abs. 2 des Börsengesetzes. Die Zulassungsstelle kann nach näherer Bestimmung der Reichsregierung Bekanntmachungen aus Anlaß der Umstellung verlangen.

Die Reichsregierung kann nach Anhörung des Reichsrats bestimmen, daß und unter welchen Voraussetzungen eine neue Zulassung zum Börsenhandel erforderlich ist.

Anmeldung des Umstellungsbeschlusses zum Handelsregister.

§ 8.

Spätestens bei der Anmeldung des Beschlusses über die Umstellung sind die von der Generalversammlung (Gesellschafterversammlung) genehmigte Eröffnungsbilanz, bei Aktiengesellschaften und Kommanditgesellschaften auf Aktien auch die Berichte des Vorstands und Aufsichtsrats (§ 13 Abs. 1 der Verordnung über Goldbilanzen) und der Revisionsbericht (§ 13 Abs. 2 daselbst) zum Handelsregister einzureichen. Lauten die Aktien über 20 Goldmark, so ist im Fall des § 35 Abs. 2 Satz 3 eine Bescheinigung der zuständigen Stelle über den Wert der Aktien einzureichen. Zum Handelsregister einer Zweigniederlassung findet die Einreichung nicht statt.

§ 9.

In der Anmeldung des Beschlusses über die Umstellung mittels Vermehrung des Vermögens durch neue Einlagen ist die Erklärung abzugeben, daß die Einlagen geleistet und im Besitz des Vorstandes (persönlich haftende Gesellschafter, Geschäftsführer) sind.

Ist die Einlage nicht durch Barzahlung zu leisten oder wird auf eine Einlage eine Vergütung für Vermögensgegenstände angerechnet, die die Gesellschaft übernimmt, so müssen der Gegenstand der Einlage oder der Übernahme, die Person, von der die Gesellschaft den Gegenstand erwirbt, und der Betrag, zu dem die Einlage angerechnet wird, oder die für den übernommenen Gegenstand zu gewährende Vergütung in dem Beschluß über die Umstellung festgesetzt werden. Für Aktiengesellschaften und Kommanditgesellschaften auf Aktien gilt § 279 Abs. 2 HGB. entsprechend.

§ 10.

Im Fall des § 9 finden auf Aktiengesellschaften und Kommanditgesellschaften auf Aktien die Vorschriften des § 313 Abs. 1 Nr. 3 Abs. 2, 3 HGB. auf Gesellschaften mit beschränkter Haftung die Vorschriften des § 82 Abs. 1 Nr. 1, Abs. 2, 3 des Gesetzes, betreffend die Gesellschaften mit beschränkter Haftung, entsprechende Anwendung.

Die im vorstehenden § 10 angezogenen Paragraphen des HGB. und des G. m. b. H.-Gesetzes enthalten die Strafvorschriften für die Verwaltungsorgane der Kapitalgesellschaften, falls sie im Zusammenhang mit einer Kapitalserhöhung wissentlich falsche Angaben gemacht haben.

Die oben (S. 20—21) mitgeteilten §§ 13, 15, 16 der Verordnung über Goldbilanzen sind als Ergänzung zu den die Anmeldung zum Handelsregister betreffenden Durchführungsbestimmungen noch von Interesse.

Reservefonds.

§ 12.

Die gemäß § 5 Abs. 1 der Verordnung über Goldbilanzen (vgl. oben S. 14) in die Bilanz eingestellte Reserve darf nur zur Deckung von Bilanzverlusten verwendet werden. Sie gilt bei Aktiengesellschaften und Kommanditgesellschaften auf Aktien als Reservefonds im Sinne des § 262 HGB.

Kapitalserhöhungen.

§ 7.

Ist nach dem Stichtag der Eröffnungsbilanz und vor der Umstellung einer Aktiengesellschaft, Kommanditgesellschaft auf Aktien oder Gesellschaft mit beschränkter Haftung eine Kapitalserhöhung oder -herabsetzung in Reichswährung erfolgt, so gilt sie für die Umstellung als bereits am Stichtag der Eröffnungsbilanz erfolgt.

§ 13.

Die Heraufsetzung des Betrags des Eigenkapitals (§ 5 Abs. 1 der Verordnung über Goldbilanzen) kann durch Ausgabe neuer Aktien oder Geschäftsanteile oder durch Erhöhung des Nennbetrags der vorhandenen Aktien oder Geschäftsanteile erfolgen.

§ 14.

Die erfolgte Heraufsetzung oder Ermäßigung werden nicht vor der Eintragung in das Handelsregister wirksam. Sie sind vom Vorstand (persönlich haftende Gesellschafter, Geschäftsführer) zur Eintragung anzumelden. Die Anmeldung und Eintragung können mit der Anmeldung und Eintragung des Beschlusses über die Heraufsetzung oder Ermäßigung verbunden werden.

§ 15.

Auf die Heraufsetzung des Betrags des Grundkapitals einer Aktiengesellschaft durch Ausgabe neuer Aktien finden die Vorschriften des § 287 HGB. entsprechende Anwendung. Die übrigen Vorschriften über die Erhöhung des Grundkapitals durch Ausgabe neuer Aktien gelten nicht.

Für die Ausübung des Bezugsrechts (§ 9 Satz 1 der Verordnung über Goldbilanzen, vgl. oben S. 19) kann eine Frist bestimmt werden. Die

Frist muß mindestens zwei Wochen betragen. Die Fristsetzung erfolgt durch Bekanntmachung in den Gesellschaftsblättern.

Eine Zusicherung von Rechten auf den Bezug der neuen Aktien ist der Gesellschaft gegenüber unwirksam.

Falls das Bezugsrecht nicht ausgeübt wird oder trotz Aufforderung die durch die Ausgabe der neuen Aktien entstehenden Kosten nicht erstattet werden, kann die Gesellschaft die Aktien für Rechnung der Beteiligten zum Börsenpreis oder in Ermangelung eines solchen durch öffentliche Versteigerung verkaufen. Der Erlös ist den Beteiligten nach Abzug der Kosten auszuzahlen oder, sofern die Berechtigung zur Hinterlegung vorhanden ist, zu hinterlegen. Die Vorschriften des § 12 der Verordnung über Goldbilanzen (vgl. oben S. 19—20) bleiben unberührt.

§ 34.

Wird nach dem Inkrafttreten dieser Verordnung und vor der Umstellung eine Kapitalserhöhung in Reichswährung beschlossen, so sind die neuen Aktien oder Geschäftsanteile den Gesellschaftern auf ihr Verlangen entsprechend ihrem Anteil am Eigenkapital zuzuteilen, es sei denn, daß ein Dritter die Aktien übernommen und sich dabei verpflichtet hat, sie den Aktionären zum Bezug anzubieten. Abweichende Beschlüsse aus der Zeit nach dem Inkrafttreten der Verordnung über Goldbilanzen und vor dem Inkrafttreten dieser Verordnung sind unwirksam, sofern sie nicht zur Zeit des Inkrafttretens dieser Verordnung bereits im Handelsregister eingetragen sind.

Diese Vorschriften finden auf den Fall der Fusion (§ 305 HGB.) keine Anwendung; insoweit verbleibt es bei den bisherigen Bestimmungen.

Die in § 15 Abs. 3 erwähnte Zusicherung von Rechten auf den Bezug der neuen Aktien bezieht sich auf die sogenannten „Gründerrechte", die dadurch gegenstandslos gemacht werden und demgemäß zu Streitigkeiten nicht führen können.

§ 16.

Auf die Heraufsetzung des Betrags des Grundkapitals durch Erhöhung des Nennbetrags der Aktien finden die Vorschriften über die Erhöhung des Grundkapitals durch Ausgabe neuer Aktien keine Anwendung.

Bevor die erfolgte Heraufsetzung des Grundkapitals in das Handelsregister eingetragen ist, kann ein Umtausch oder eine Stempelung der Aktien nicht erfolgen.

Falls trotz Aufforderung Aktien zum Zweck des Umtausches oder der Stempelung nicht eingereicht oder die durch die Erhöhung des Nennbetrags entstehenden Kosten nicht erstattet werden, kann die Gesellschaft über die zusätzlichen Aktienrechte neue Aktien ausgeben und sie für Rechnung der Beteiligten zum Börsenpreis oder in Ermangelung eines solchen durch öffentliche Versteigerung verkaufen. Der Erlös ist den Beteiligten nach Abzug der Kosten auszuzahlen oder, sofern die Berechtigung zur Hinterlegung vorhanden ist, zu hinterlegen. Die Vorschriften des § 12 der Verordnung über Goldbilanzen bleiben unberührt.

§ 19.

Auf die Heraufsetzung des Betrags des Stammkapitals einer Gesellschaft mit beschränkter Haftung finden die Vorschriften der §§ 55—57 des Gesetzes, betreffend die Gesellschaften mit beschränkter Haftung, keine Anwendung.

§ 20.

Im Fall der Heraufsetzung des Betrags des Stammkapitals einer Gesellschaft mit beschränkter Haftung durch Ausgabe neuer Geschäftsanteile finden die Vorschriften des § 15 Abs. 2—4 entsprechende Anwendung.

§ 21.

Im Fall der Heraufsetzung des Betrags des Stammkapitals einer Gesellschaft mit beschränkter Haftung durch Erhöhung des Nennbetrags der Geschäftsanteile ist der Anmeldung eine von den Anmeldenden unterschriebene Liste beizufügen, aus der der Betrag, um den sich der Geschäftsanteil der Gesellschafter erhöht, ersichtlich ist.

Kapitalsherabsetzungen und Anteilscheine.

§ 17.

Auf die Ermäßigung des Betrags des Grundkapitals einer Aktiengesellschaft finden die Vorschriften des § 290 Abs. 1, 2, 3 Satz 1 HGB. und sofern nicht rechtzeitig die Aushändigung eines Genußscheins beantragt ist, auch die Vorschrift des Abs. 3 Satz 2 daselbst Anwendung. Die Vorschriften der §§ 288, 289, 291 HGB. gelten nicht.

Soweit Aktien eingereicht werden, die die zum Ersatz durch neue Aktien erforderliche Zahl nicht erreichen, hat die Gesellschaft dem Aktionär auf seinen Antrag für jede eingereichte Aktie einen auf den Inhaber lautenden Anteilschein über einen Nennbetrag auszuhändigen, der dem Verhältnis seines Anteils an den neuen Aktien zu dem ermäßigten Grundkapital entspricht. Auf die Anteilscheine finden die Vorschriften des Handesgesetzbuchs über Aktien entsprechende Anwendung, soweit nicht in dieser Verordnung etwas andres bestimmt ist. Die auf die eingereichten Aktien entfallenden neuen Aktien sind in Verwahrung zu nehmen.

Die dem Betrag einer neuen Aktie entsprechende Zahl von Anteilscheinen gewährt das mit einer Aktie verbundene Stimmrecht, sowie ein auf die Aktie entfallendes Bezugsrecht.

Die Anteilscheine gewähren einen Anspruch auf entsprechende Beteiligung am Reingewinn und im Fall der Auflösung der Gesellschaft einen Anspruch in bezug auf das zu verteilende Gesellschaftsvermögen. Die Auszahlung des Reingewinns braucht nicht früher zu erfolgen, als der Erlös aus der Verwertung des Anteilscheins auszuzahlen oder die neue Aktie zu gewähren ist (Abs. 5).

Die Gesellschaft kann durch Bekanntmachung in den Gesellschaftsblättern die Inhaber der Anteilscheine auffordern, binnen einer Frist von einem Monat, frühstens jedoch zum Ablauf des dritten auf die Ausstellung der Anteilscheine folgenden Geschäftsjahrs, die Anteilscheine zum Umtausch in Aktien einzureichen; die Vorschrift des § 290 des HGB. findet entsprechende Anwendung. Auf die dem Betrag einer neuen Aktie entsprechende Zahl von Anteilscheinen wird, sofern die Anteilscheine innerhalb der gesetzten Frist eingereicht werden, eine Aktie gewährt. Die Inhaber sind auch vor erfolgter Aufforderung berechtigt, auf die dem Betrag einer neuen Aktie entsprechende Zahl von Anteilscheinen die Gewährung einer Aktie zu verlangen.

Die Vorschriften des Abs. 2—5 gelten nicht, sofern die Anteilscheine über einen geringern Betrag als 5 Goldmark lauten würden. Sie gelten unbeschadet der Vorschrift des § 40 Abs. 3 auch dann nicht, wenn die Aushändigung eines Genußscheins gemäß § 12 der Verordnung über Goldbilanzen rechtzeitig beantragt ist. In diesen Fällen bewendet es bei der Vorschrift des § 290 HGB., im Fall des Satzes 2 mit der Maßgabe, daß an Stelle der Auszahlung des Erlöses die Aushändigung des Genußscheins tritt.

§ 22.

Auf die Ermäßigung des Betrags des Stammkapitals einer Gesellschaft mit beschränkter Haftung findet die Vorschrift des § 58 des Gesetzes, betreffend die Gesellschaften mit beschränkter Haftung, keine Anwendung. Werden Geschäftsanteile im Fall der Verminderung der Zahl von Geschäftsanteilen der Gesellschaft nicht zur Verwertung für Rechnung der Beteiligten zur Verfügung gestellt, so sind die an Stelle der bisherigen Geschäftsanteile auszugebenden neuen Geschäftsanteile für Rechnung der Beteiligten durch die Gesellschaft zum Börsenpreis und in Ermangelung eines solchen durch öffentliche Versteigerung zu verkaufen. Der Erlös ist den Beteiligten nach Abzug der Kosten auszuzahlen oder, sofern die Berechtigung zur Hinterlegung vorhanden ist, zu hinterlegen. Die Vorschriften des § 12 der Verordnung über Goldbilanzen bleiben unberührt.

Mit dem vorstehenden § 17 sind die in bezug auf die Herabsetzung des Grundkapitals für Aktiengesellschaften und Kommanditaktiengesellschaften mit §§ 288—291 HGB. und für die Gesellschaften mit beschränkter Haftung mit § 58 des G. m. b. H.-Gesetzes getroffenen Bestimmungen bis auf § 290 HGB. außer Kraft gesetzt. Mit § 290 HGB. ist die Kraftloserklärung nicht eingereichter Aktien und die Veräußerung der an Stelle der für kraftlos erklärten Aktien auszugebenden neuen Aktien für Rechnung der Beteiligten geregelt. Dem Inhalt des § 290 Abs. 3 HGB. sind Satz 2 und 3 des vorstehenden § 22 wörtlich nachgebildet. Nach § 288 Abs. 1 HGB. kann eine Herabsetzung des Grundkapitals nur mit einer Mehrheit beschlossen werden, die mindestens drei Vierteile des bei der Beschlußfassung vertretenen Grundkapitals umfaßt. Liegen mehrere Gattungen von Aktien mit verschiedener Berechtigung vor, so bedarf es im Fall der Kapitalsherabsetzung nach § 288 Abs. 3 HGB. neben dem Beschluß der Generalversammlung eines in gesonderter Abstimmung gefaßten Beschlusses der Aktionäre jeder Gattung. Diese beiden Bestimmungen haben für die mit der Umstellung auf Goldmarkbilanzierung zusammenhängenden Kapitalsherabsetzungen nach den oben voraufgegangenen Mitteilungen keine Geltung.

§ 18.

Die Vorschriften der §§ 15—17 finden auf Kommanditgesellschaften auf Aktien mit der Maßgabe entsprechende Anwendung, daß an die Stelle des Vorstands die persönlich haftenden Gesellschafter treten.

Ausgleich des Kapitalentwertungskontos. Über das Kapitalentwertungskonto sind die grundlegenden Bestimmungen in § 5 Abs. 2 und § 6 der Verordnung über Goldbilanzen vom 28. Dezember 1923 enthalten, und auf S. 15, 16, 18 dieser Schrift ist das seinerzeit vorerst Wichtigste darüber dargelegt worden. Nunmehr bringen die Durchführungsbestimmungen zu diesem Thema noch die folgenden Ergänzungen.

§ 11.

Ist die Umstellung mittels Einstellung eines Kapitalentwertungskontos erfolgt, so ist dies im Handelsregister zu vermerken. Eine Bekanntmachung der Eintragung findet nicht statt.

§ 23.

Als Umstellung gilt auch eine Veränderung des Eigenkapitals, durch die der Ausgleich eines Kapitalentwertungskontos herbeigeführt wird. Die für die Umstellung geltenden Vorschriften finden auch auf sonstige Maßnahmen, durch die der Ausgleich eines Kapitalentwertungskontos herbeigeführt wird, entsprechende Anwendung, soweit sich nicht daraus ein andres ergibt, daß eine Abänderung des Gesellschaftsvertrags nicht vorliegt.

§ 24.

Die für die Ermäßigung des Betrags des Eigenkapitals geltenden Vorschriften der §§ 14, 17, 18, 22 finden auf Kapitalsherabsetzungen, durch die der Ausgleich eines Kapitalentwertungskontos herbeigeführt wird, entsprechende Anwendung.

§ 25.

Bei der Anzeige der Durchführung des Ausgleichs eines Kapitalentwertungskontos (§ 6 Satz 3 der Verordnung über Goldbilanzen) hat der Vorstand (persönlich haftende Gesellschafter, Geschäftsführer) zu erklären, in welcher Weise der Ausgleich durchgeführt ist. Ist der Ausgleich mittels Vermehrung des Vermögens durch neue Einlagen erfolgt, so ist die Erklärung abzugeben, daß die Einlagen geleistet und im Besitz des Vorstandes (persönlich haftende Gesellschafter, Geschäftsführer) sind. § 9 Abs. 2 gilt entsprechend. Spätestens bei der Anzeige sind die von der Generalversammlung (Gesellschafterversammlung) genehmigte Bilanz, bei Aktiengesellschaften und Kommanditgesellschaften auf Aktien auch die Berichte des Vorstandes und Aufsichtsrats (§ 13 Abs. 1 der Verordnung über Goldbilanzen) und der Revisionsbericht (§ 13 Abs. 2 daselbst) zum Handelsregister einzureichen; zum Handelsregister einer Zweigniederlassung findet die Einreichung nicht statt.

Die Durchführung des Ausgleichs ist im Handelsregister zu vermerken. Eine Bekanntmachung der Eintragung findet nicht statt.

Auf die im Abs. 1 Satz 1, 2 bezeichneten Erklärungen finden die Vorschriften des § 313 Abs. 1 Nr. 3, Abs. 2, 3 des HGB. und der § 82 Abs. 1 Nr. 1, Abs. 2, 3 des Gesetzes, betreffend die Gesellschaften mit beschränkter Haftung entsprechende Anwendung.

Nach § 6 der Verordnung über Goldbilanzen (vgl. oben S. 18) ist die Gewinnverteilung verboten, solange ein Kapitalentwertungskonto besteht, was nach derselben Vorschrift drei Jahre hindurch gestattet ist. Die durch das Kapitalentwertungskonto demnach erzwungene Dividendenlosigkeit wird viele Gesellschaften veranlassen, für die Umstellung auf Goldmark auf die Heranziehung dieses Kontos zu verzichten.

Nicht voll gezahlte Aktien und Geschäftsanteile.

§ 26.

Aktien, auf die die Einzahlungen nicht in voller Höhe geleistet sind, gelten im Verhältnis der Aktien der Gesellschaft zueinander für die Umstellung als voll eingezahlt. Der Anspruch der Gesellschaft auf die ausstehenden Einzahlungen bleibt unberührt.

Diese Vorschriften finden auf Geschäftsanteile entsprechende Anwendung.

Beteiligung und Einziehung von Aktiengattungen mit verschiedenen Rechten (Vorzugsaktien) bei der Umstellung. Hierüber war mit § 8 der Verordnung über Goldbilanzen (vgl. oben S. 19) vorerst angeordnet worden, daß das Verhältnis der mit den Aktien und Geschäftsanteilen verbundenen Rechte zueinander vorbehaltlich näherer Regelung in den Durchführungsbestimmungen durch die Umstellung nicht berührt werden soll. Diese Regelung, die vornehmlich für Vorzugsaktien mit Anteil am Liquidationserlös zu komplizierten Berechnungen zwingt, hat mit §§ 27—32 der Durchführungsbestimmungen wie folgt stattgefunden:

§ 27.

Sind für einzelne Gattungen von Aktien verschiedene Rechte festgesetzt worden, so sind sie an dem auf Goldmark umgestellten Grundkapital in dem Verhältnis zu beteiligen, das dem Nennbetrag der einzelnen Aktiengattung zum Nennbetrag des gesamten Aktienkapitals entspricht.

Durch die Umstellung wird das Stimmverhältnis zwischen den einzelnen Gattungen von Aktien für die Gesamtheit der Aktien jeder Gattung nicht geändert.

§ 28.

Bei Aktien, bei denen der Anteil am Liquidationserlös, sowie im Fall der Einziehung nach § 227 des HGB. der Rückzahlungsbetrag auf einen Hundertsatz des Nennbetrags beschränkt ist, darf der auf diese Gattung von Aktien entfallende Teil des auf Goldmark umgestellten Grundkapitals den in Goldmark umgerechneten Wert der auf sie geleisteten Einlagen nicht übersteigen.

Für die Berechnung des Goldmarkwerts der Einlagen ist der Fälligkeitstag maßgebend. Als Fälligkeitstag gilt, sofern die Leistungen innerhalb eines Monats nach dem Tage der Generalversammlung erfolgt sind, in der die Ausgabe der Aktien beschlossen worden ist, der in der Mitte zwischen diesem Tage und dem Tage der Eintragung gelegene Tag. Maßgebend ist der letzte auf Grund der amtlichen Berliner Kurse für Auszahlung New York errechnete Mittelkurs; § 1 Satz 2 gilt entsprechend. Ist dieselbe Gattung von Aktien zu verschiedenen Zeiten ausgegeben, so kann ein Durchschnittswert festgesetzt werden. Sind die Aktien gegen Einlieferung von Aktien derselben Gattung begeben, so ist der bei der ersten Begebung der Gesellschaft zugeflossene Goldmarkwert maßgebend.

Diese Vorschriften gelten nicht für solche Aktien, auf die Einlagen entsprechend dem Kurs oder Wert der nach den allgemeinen Bestimmungen umzustellenden Aktien geleistet worden sind.

Der Teil des Grundkapitals, der unter Anwendung dieser Vorschriften auf diese Aktiengattung entfällt, wird im Streitfall oder auf Antrag der

Gesellschaft von der durch die Reichsregierung bestimmten Stelle festgesetzt. Diese Stelle kann, wenn die Anwendung der Vorschriften zu einer offenbar unbilligen Härte für die Gesellschaft oder die Aktionäre führen würde, eine anderweitige Festsetzung bei billiger Berücksichtigung der Interessen der Beteiligten treffen. Die Entscheidung der Stelle ist endgültig.

Nach der Umstellung muß der Betrag der Aktien auf 20 Gm., 100 Gm. oder ein Vielfaches von 100 Gm. lauten.

Bleibt der unter Anwendung dieser Vorschriften auf die Aktien entfallende Teil des Grundkapitals hinter dem Betrage zurück, der nach § 27 auf sie entfallen würde, so wird der überschießende Betrag dem auf die anderen Aktiengattungen entfallenden Teil des Grundkapitals hinzugerechnet.

Der Kapitalbetrag, der im Fall der Liquidation und im Fall der Einziehung nach § 227 des HGB. der Berechnung des Hundertsatzes gemäß Abs. 1 zugrunde zu legen ist, darf nicht hinter fünfzehn vom Hundert des Goldmarkbetrags (§ 4 Abs. 2 der dritten Steuerverordnung) zurückbleiben.

§ 29.

Sofern andere als die im § 28 Abs. 1 bezeichneten Aktien nach dem 31. Dezember 1918 ausgegeben und mit mehrfachem Stimmrecht ausgestattet sind, finden auf sie die Vorschriften des § 28 Abs. 1—4, Abs. 6 mit der Maßgabe Anwendung, daß von dem Goldmarkwert der Einlagen der Wert etwa gewährter Bezugsrechte abzuziehen ist, soweit dies nicht zu einer offenbar unbilligen Härte für die betroffenen Aktionäre führen würde.

Nach der Umstellung muß der Betrag der mit mehrfachem Stimmrecht ausgestatteten Aktien auf eine Goldmark oder ein Vielfaches davon, der gesamte Nennbetrag dieser Aktien auf mindestens 5000 Gm. lauten. Werden diese Nennbeträge nicht erreicht, so sind die Aktionäre berechtigt, die für die Einhaltung dieser Mindestgrenzen erforderlichen Beträge, sowie den Betrag der entstehenden Kosten zu zahlen.

§ 30.

Andere als die in den §§ 28, 29 bezeichneten Aktien, deren Inhaber durch ausdrückliche oder stillschweigende Vereinbarung mit der Gesellschaft zu ihren Gunsten in der Ausübung der Aktienrechte oder in der Veräußerung oder sonstigen Verfügung über die Aktien gebunden sind oder gebunden waren, kann die Gesellschaft einziehen. Die Einziehung erfolgt durch den Vorstand (persönlich haftende Gesellschafter) mit Zustimmung des Aufsichtsrats.

Der zur Einziehung zu verwendende Betrag bemißt sich nach demjenigen Teil des auf Goldmark umzustellenden Grundkapitals, der dem Verhältnis des Nennbetrags der einzuziehenden Aktien zum Nennbetrag der gesamten Aktien entspricht. Der Betrag darf jedoch den in Goldmark umgerechneten Wert der auf die einzuziehenden Aktien geleisteten Einlagen nicht übersteigen. Der Wert etwa gewährter Bezugsrechte ist abzuziehen, soweit dies nicht zu einer offenbar unbilligen Härte für die betroffenen Aktionäre führen würde. § 28 Abs. 1 gilt entsprechend.

Diese Vorschriften gelten nicht für solche Aktien, auf die Einlagen entsprechend dem Kurs oder Wert der nach den allgemeinen Bestimmungen umzustellenden Aktien geleistet worden sind.

Die Vorschrift des § 28 Abs. 4 findet entsprechende Anwendung.

Die Vorschriften der §§ 227, 288, 289 HGB. gelten nicht. Die Vorschriften des § 12 der Verordnung über Goldbilanzen bleiben unberührt.

Die Einziehung gilt für die Umstellung als bereits am Stichtag der Eröffnungsbilanz erfolgt.

§ 31.

Ist im Fall des § 30 die Einziehung der Aktien nicht bis zur Umstellung der Gesellschaft erfolgt, so finden auf die Umstellung der Aktien die Vorschriften des § 29 entsprechende Anwendung.

Statt der Umstellung nach Maßgabe des § 29 können die Aktien wie die übrigen derselben Gattung zugehörigen Aktien umgestellt werden. In diesem Fall ruht jedoch bis zu dem Zeitpunkt, in dem gemäß den mit der Gesellschaft bestehenden Vereinbarungen über die Aktien verfügt wird, das Recht auf Beteiligung am Geschäftsgewinn, soweit diese 6 v. H. des Goldmarkwerts der bisher auf diese Aktien geleisteten Einlagen übersteigt, sowie der Anspruch auf die Ausübung eines Bezugsrechts. Werden die Aktien demnächst veräußert, so steht der Gegenwert unbeschadet des Anspruchs der Inhaber auf den Goldmarkwert der von ihnen auf die Aktien geleisteten Einlagen, sowie auf die vereinbarte Vergütung der Gesellschaft zu. Vereinbarungen oder Rechtshandlungen, durch die dieser Anspruch der Gesellschaft beeinträchtigt wird, sind der Gesellschaft gegenüber unwirksam; die an solchen Vereinbarungen oder Rechtshandlungen beteiligten Personen sind der Gesellschaft als Gesamtschuldner für einen ihr hierdurch entstehenden Schaden haftbar. Der Vorstand (persönlich haftende Gesellschafter) hat in der Generalversammlung über die Veräußerung der Aktien zu berichten und auf Verlangen von Aktionären, deren Anteile zusammen den zehnten Teil des Grundkapitals erreichen, Aufklärungen zu geben und Unterlagen vorzulegen. Wird die Gesellschaft vor dem im Satz 2 bezeichneten Zeitpunkt aufgelöst, so ist sie berechtigt, die Aktien nach Maßgabe des § 30 einzuziehen, auch wenn die Umstellung der Gesellschaft schon erfolgt ist.

Werden die Aktien vor der Umstellung veräußert, so finden die Vorschriften des Abs. 2 Satz 3—5 entsprechende Anwendung. Die Veräußerung der Aktien gilt für die Umstellung als bereits am Stichtag der Eröffnungsbilanz erfolgt.

§ 32.

Durch die Anwendung der Vorschrift des § 31 Abs. 1 wird das Stimmenverhältnis zwischen mehreren Gruppen von Aktien derselben Gattung nicht berührt.

Aktien bilden nach der Umstellung mit den bisher derselben Gattung zugehörigen Aktien auch dann eine einheitliche Aktiengattung, wenn ihnen nach der Umstellung ein mehrfaches Stimmrecht zusteht.

Bei den vorstehend wiedergegebenen Durchführungsbestimmungen über die Behandlung der Vorzugsaktien bei der Umstellung auf Goldmark handelt es sich offenbar um den weitaus schwierigsten Teil des gesamten Umstellungsverfahrens. Demzufolge wird man mit Zusätzen, die aus der Erfahrung herauswachsen werden, und mit Vermittlungsstellen zur Schlichtung von Streitigkeiten dieser Art zu rechnen haben.

Rechte der Genußscheininhaber. Über Genußscheine ist mit § 12 der Verordnung über Goldbilanzen auf S. 19—20 der vorliegenden Schrift

Wesentliches schon mitgeteilt. Die Durchführungsbestimmungen enthalten zu diesem Thema in den §§ 33 und 40 noch die nachstehenden Vorschriften.

§ 33.

Soweit sich die Rechte von Genußscheininhabern nach den Rechten von Aktionären bestimmen, ändern sie sich durch die Umstellung in demselben Verhältnis wie die Aktien; eine Bestimmung des Gesellschaftsvertrags oder eine sonstige Vereinbarung, wonach die Rechte der Genußscheininhaber ohne deren Zustimmung nicht eingeschränkt werden können, ist insoweit ohne rechtliche Wirkung. Entsprechendes gilt für Genußscheine, die von einer Gesellschaft mit beschränkter Haftung ausgegeben sind.

§ 40.

Die Vorschriften des § 12 der Verordnung über Goldbilanzen finden keine Anwendung, wenn der Genußschein auf einen geringern Betrag als 5 Gm. lauten würde.

Für die Stellung des Antrags auf Aushändigung eines Genußscheins kann eine Frist bestimmt werden. Die Frist muß mindestens drei Monate betragen. Die Fristsetzung erfolgt durch Bekanntmachung in den Gesellschaftsblättern.

Eine Aktiengesellschaft oder Kommanditgesellschaft auf Aktien wird durch Ausstellung eines Anteilscheins (§ 17) von der Verpflichtung zur Ausstellung eines Genußscheins befreit.

Die Auszahlung des Reingewinns braucht nicht vor Ablauf des dritten auf die Ausstellung folgenden Geschäftsjahrs oder im Fall der Kündigung durch den Inhaber nicht früher zu erfolgen, als der Kapitalbetrag auszuzahlen ist.

Mindestbeträge der Aktien und der Stammeinlagen bei bestehenden Gesellschaften.

§ 35.

Die Aktien müssen bei der Umstellung, sofern sie nicht auf einen Betrag von 100 Gm. gestellt werden, auf ein Vielfaches von 100 Gm. gestellt werden. Die überschießenden Beträge sind, soweit nicht Aktien über 20 Gm. gewährt werden, in Reserve zu stellen. Diese Reserve gilt als Reservefonds im Sinne des § 262 HGB. Soweit mit Rücksicht auf eine Verschiedenheit der Stückelung oder der Art der Umstellung der Aktien Spitzenbeträge nicht in Reserve gestellt werden können, sind Aktien über 20 Gm. und für die überschießenden Beträge auf den Inhaber lautende Anteilscheine zu gewähren. Auf diese finden die Vorschriften des § 17 Abs. 2 Satz 2, 3, Abs. 3—5 entsprechende Anwendung.

Falls der Wert von Aktien einer Aktiengesellschaft oder einer Kommanditgesellschaft auf Aktien am 31. Dezember 1923 weniger als 40 Billionen für 100 Mark Aktienkapital betrug, gilt als Mindestgrenze für die Aktien dieser Gesellschaft ein Betrag von 20 Gm. Maßgebend für die Wertberechnung ist die vom Reichsminister der Finanzen für die Veranlagung zur Vermögensteuer für das Jahr 1924 getroffene vorläufige Festsetzung der Steuerkurse und Steuerwerte, für die Zeit nach der endgültigen Festsetzung durch den Reichsrat diese Festsetzung. Hat eine Festsetzung nicht stattgefunden, so trifft die oberste Landesbehörde oder die von ihr bestimmte Stelle die näheren Bestimmungen über die Ermittelung des Wertes.

§ 36.

Soweit mit Rücksicht auf die im § 10 der Verordnung über Goldbilanzen vorgeschriebene Mindestgrenze von 50 Gm. für Stammeinlagen eine Verminderung der Zahl der Geschäftsanteile erfolgen müßte, sind auf Antrag von Gesellschaftern, deren Anteile am 31. Dezember 1923 einen geringern Wert als 40 Billionen für 100 Mark Stammkapital betrugen, die Stammeinlagen auf einen Betrag zu stellen, durch dessen Festsetzung eine Verminderung der Zahl der Geschäftsanteile vermieden wird. Die Vorschriften des § 35 Abs. 2 Satz 2, 3 und des § 8 Satz 2, 3 gelten entsprechend.

Die Stammeinlagen müssen durch 10 teilbar sein. Die überschießenden Beträge sind in Reserve zu stellen. Diese darf nur zur Deckung von Bilanzverlusten verwendet werden.

Die Vorschriften des Abs. 2 gelten nicht, sofern der Betrag der Stammeinlage gemäß Abs. 1 auf einen geringern Betrag als 10 Gm. lauten würde.

§ 38.

Eine Vermehrung des Vermögens durch neue Einlagen gemäß § 5 Abs. 2 der Verordnung über Goldbilanzen oder zum Zweck des Ausgleichs eines Kapitalentwertungskontos ist, falls für die Leistung der Einlagen Vorteile gewährt werden, oder im Fall der Nichtleistung Nachteile eintreten sollen, nur insoweit zulässig, als ohne sie die für Aktien oder Stammeinlagen vorgeschriebene Mindestgrenze nicht eingehalten werden könnte.

§ 45.

Soweit in der Verordnung über Goldbilanzen und den Durchführungsverordnungen auf die im § 10 der Verordnung über Goldbilanzen vorgeschriebenen Mindestbeträge Bezug genommen ist und diese durch andere Beträge ersetzt sind, treten an ihre Stelle diese Beträge.

Die für Aktien vorgeschriebenen Nennbeträge treten an die Stelle der im § 180 HGB., die für das Stammkapital und die Stammeinlagen vorgeschriebenen Nennbeträge an die Stelle der im § 5 des Gesetzes, betreffend die Gesellschaften mit beschränkter Haftung, vorgesehenen Nennbeträge.

Die für Aktien vorgeschriebenen Nennbeträge gelten auch für Interimsscheine.

Diese Bestimmungen über die Mindestbeträge der Aktien und der Stammeinlagen sind mit den mit §§ 10 und 11 der Verordnung über Goldbilanzen (vgl. oben S. 18—19) festgesetzten bezüglichen Vorschriften zusammenzuhalten.

Mindestbeträge der Aktien und der Stammeinlagen bei neu gegründeten oder umzuwandelnden Gesellschaften.

§ 42.

Eine Neugründung im Sinne der Verordnung über Goldbilanzen und der Durchführungsverordnungen liegt auch dann vor, wenn bestehende Aktiengesellschaften, Kommanditgesellschaften auf Aktien und Gesellschaften mit beschränkter Haftung in ihren Verhältnissen, insbesondre ihrer Verfassung, der Zusammensetzung ihrer Organe, sowie in der Art ihres Geschäftsbetriebs derart geändert werden, daß die Gesellschaft nicht mehr als eine Fortsetzung der bisherigen Gesellschaft angesehen werden kann.

Eine Neugründung im Sinne der Verordnung über Goldbilanzen liegt nicht vor, wenn vor dem Inkrafttreten der Verordnung über Goldbilanzen

1. bei Aktiengesellschaften und Kommanditgesellschaften auf Aktien im Fall der §§ 187, 188 HGB. der Gesellschaftsvertrag festgestellt ist und die Aktien übernommen sind, im Fall des § 196 HGB. die Beschlußfassung über die Errichtung der Gesellschaft stattgefunden hat,

2. bei Gesellschaften mit beschränkter Haftung der Gesellschaftsvertrag abgeschlossen worden ist.

§ 43.

Bei Neugründungen von Aktiengesellschaften und Kommanditgesellschaften auf Aktien muß der Betrag der Aktien durch 100, bei Neugründungen von Gesellschaften mit beschränkter Haftung der Betrag der Stammeinlagen durch 50 teilbar sein. In den Fällen des § 180 Abs. 2, 3 HGB. sind nur Aktien über 20 Gm. zugelassen. Jede 50 Gm. eines Geschäftsanteils gewähren eine Stimme.

Die Vorschriften des Abs. 1 Satz 1, 2 finden auf Kapitalserhöhungen ohne Rücksicht darauf entsprechende Anwendung, ob es sich um eine neugegründete Gesellschaft handelt. Die Vorschrift des Abs. 1 Satz 3 gilt nur für neu gegründete Gesellschaften; bei anderen Gesellschaften bewendet es auch für Kapitalserhöhungen bei der Vorschrift des § 37 (vgl. unten).

Für Kapitalsherabsetzungen gilt bei Neugründungen als Mindestgrenze für Aktien ein Betrag von 100 Gm., in den Fällen des § 180 Abs. 2, 3 HGB. ein solcher von 20 Gm., für Stammeinlagen ein solcher von 50 Gm., bei anderen Gesellschaften als Mindestgrenze für Aktien ein Betrag von 20 Gm., für Stammeinlagen ein solcher von 10 Gm.

§ 44.

Wird eine Aktiengesellschaft oder eine Kommanditgesellschaft auf Aktien, deren Grundkapital nach der Umstellung die vorgeschriebene Mindestgrenze nicht erreicht, aus diesem Grunde in eine Gesellschaft mit beschränkter Haftung umgewandelt, so kann die oberste Landesbehörde oder die von ihr bestimmte Stelle als Mindestgrenze für das Stammkapital den Betrag von 500 Gm. zulassen.

Hierzu sind die Vorschriften der §§ 17 und 18 der Verordnung über Goldbilanzen auf S. 19 dieser Schrift zu beachten.

Stimmrecht der Geschäftsanteile.

§ 37.

Jede 10 Gm. eines Geschäftsanteils gewähren eine Stimme.

Formfreiheit bei der Abtretung von Geschäftsanteilen.

§ 39.

Für den Fall der Abtretung von Geschäftsanteilen einer Gesellschaft mit beschränkter Haftung aus Anlaß der Umstellung kann die oberste Landesbehörde oder die von ihr bestimmte Stelle Befreiung von der Vorschrift des § 15 Abs. 3 des Gesetzes, betreffend die Gesellschaften mit beschränkter Haftung, gewähren.

Nach § 15 Abs. 3 des G. m. b. H.-Gesetzes bedarf sonst die Abtretung von Geschäftsanteilen durch Gesellschafter eines in gerichtlicher oder notarieller Form geschlossenen Vertrages.

Verlust des halben Grund- oder Stammkapitals und Überschuldung während der Dauer der Umstellung gegenstandslos. Grundlegendes hierüber ist oben (S. 16) mit § 14 der Verordnung über Goldbilanzen bereits mitgeteilt. Die dazu notwendigen Ergänzungen werden mit den Durchführungsbestimmungen wie folgt gegeben:

§ 41.

Als Frist für die Umstellung im Sinne des § 14 der Verordnung über Goldbilanzen gilt die Frist, innerhalb deren bei regelmäßigem Geschäftsbetrieb die Umstellung erfolgen kann, mindestens jedoch ein Zeitraum, der der Frist für die Vorlegung der Eröffnungsbilanz und der Frist für die Anmeldung des Beschlusses über die Umstellung gleichkommt. Für Gesellschaften mit beschränkter Haftung tritt an die Stelle der Frist für die Vorlegung die Frist für die Aufstellung der Eröffnungsbilanz.

Während der Frist für die Umstellung (Abs. 1) findet die Vorschrift des § 49 Abs. 3 des Gesetzes, betreffend die Gesellschaften mit beschränkter Haftung, keine Anwendung.

Soweit die Umstellung durch Einstellung eines Kapitalentwertungskontos erfolgt ist, finden die Vorschriften des § 240 Abs. 1 HGB., § 49 Abs. 3 des Gesetzes, betreffend die Gesellschaften mit beschränkter Haftung, für die Zeit bis zum Ablauf der für den Ausgleich des Kapitalentwertungskontos bestimmten Frist keine Anwendung.

Eine Befreiung von den Vorschriften des § 240 Abs. 1 HGB., § 49 Abs. 3 des Gesetzes, betreffend die Gesellschaften mit beschränkter Haftung, tritt nur wegen eines Verlustes des Eigenkapitals ein, der sich bei der Aufstellung der Eröffnungsbilanz ergibt.

Teil II.

Dieser Teil der Durchführungsbestimmungen enthält für die Goldmark-Eröffnungsbilanzen und das Umstellungsverfahren bei eingetragenen Genossenschaften, Versicherungsunternehmungen, Kolonialgesellschaften und Gesellschaften mit Beziehungen zum Ausland die folgenden Sondervorschriften.

Genossenschaften.

§ 46.

Die Frist für die Veröffentlichung der Eröffnungsbilanz (§ 2 Abs. 2 der Verordnung über Goldbilanzen, § 33 Abs. 2 des Gesetzes, betreffend die Erwerbs- und Wirtschaftsgenossenschaften) kann durch das Gericht angemessen verlängert werden.

§ 47.

Spätestens bei der Beschlußfassung über die Genehmigung der Eröffnungsbilanz ist der Geschäftsanteil, bei eingetragenen Genossenschaften mit beschränkter Haftpflicht auch die Haftsumme, sofern sie auf Reichswährung lauten, auf Rentenmark oder Goldmark umzustellen. Die Generalversammlung beschließt auch über die Umrechnung der bisherigen Geschäftsguthaben auf Rentenmark oder Goldmark; eine Anfechtung dieses Beschlusses kann, wenn er mit einer Mehrheit von drei Vierteilen der erschienenen Genossen zustande gekommen ist, nicht darauf gestützt werden, daß der Maßstab für die Umrechnung nicht richtig gewählt worden sei.

Zu der Beschlußfassung genügt einfache Stimmenmehrheit auch dann, wenn in der Satzung etwas andres bestimmt ist.

§ 48.

Auf die Umstellung des Geschäftsanteils und der Haftsumme auf Rentenmark oder Goldmark finden die Vorschriften über die Erhöhung oder Herabsetzung des Geschäftsanteils oder der Haftsumme keine Anwendung.

§ 49.

Übersteigt das bei der Aufstellung der Eröffnungsbilanz sich ergebende Vermögen die Schulden, so ist der Überschuß, soweit er den Gesamtbetrag der Geschäftsguthaben übersteigt, dem Reservefonds zuzuführen; er darf nur zur Deckung von Bilanzverlusten verwendet werden.

§ 50.

Auf die Umstellung einer Genossenschaft findet die Vorschrift des § 15 Abs. 1 der Verordnung über Goldbilanzen entsprechende Anwendung.

Ist die Anmeldung nicht innerhalb der vorgeschriebenen Frist erfolgt, so hat das Gericht der Genossenschaft eine angemessene Frist unter Androhung der Eintragung der Nichtigkeit der Genossenschaft zu bestimmen. Ist innerhalb der Frist die Anmeldung nicht erfolgt, so ist die Nichtigkeit der Genossenschaft einzutragen. Die Vorschriften der §§ 142, 143 des Reichsgesetzes über die Angelegenheiten der freiwilligen Gerichtsbarkeit finden entsprechende Anwendung.

§ 51.

Bei Neugründungen von Genossenschaften muß der Geschäftsanteil und die Haftsumme auf Rentenmark oder Goldmark gestellt werden. § 42 Abs. 2 Nr. 2 gilt entsprechend.

§ 52.

Für Genossenschaften, deren Geschäftsbetrieb ruht oder deren Sitz im besetzten Gebiet liegt, kann die oberste Landesbehörde oder die von ihr bestimmte Stelle Ausnahmen von den Vorschriften der Verordnung über Goldbilanzen und den Durchführungsverordnungen zulassen.

Versicherungsunternehmungen.

Bilanzierung.

§ 53.

Versicherungsvereine auf Gegenseitigkeit mit Ausnahme der kleineren Vereine im Sinne des § 53 des Versicherungsaufsichtsgesetzes gelten als Kaufleute im Sinne des § 1 der Verordnung über Goldbilanzen.

§ 54.

Für die Verlängerung der Frist zur Vorlegung der Eröffnungsbilanz (§ 2 Abs. 2 der Verordnung über Goldbilanzen, § 260 Abs. 2 HGB., § 36 des Versicherungsaufsichtsgesetzes) ist an Stelle des Gerichts die Aufsichtsbehörde zuständig.

§ 55.

Für die Aufstellung der Eröffnungsbilanz einer privaten Versicherungsunternehmung (Aktiengesellschaften und Versicherungsvereine auf Gegenseitigkeit) gelten in Abweichung von Artikel 1 Nr. 4 und 5 des Gesetzes vom 19. Juli 1923 (RGBl. I S. 684) die gleichen Vorschriften wie für die übrigen Aktiengesellschaften.

Für die Jahresbilanzen gelten die in der Eröffnungsbilanz eingesetzten Werte als Anschaffungs- oder Herstellungspreise im Sinne des § 55a des Versicherungsaufsichtsgesetzes.

Umstellung von Versicherungsaktiengesellschaften.

§ 56.

Als Gewinne im Sinne des § 6 der Verordnung über Goldbilanzen sind nicht diejenigen Anteile am Jahresüberschuß anzusehen, die den Versicherten nach den Versicherungsbedingungen oder Satzungen der Gesellschaft zustehen.

Zur Verlängerung der in § 15 Abs. 1 der Verordnung über Goldbilanzen bestimmten Frist ist an Stelle der obersten Landesbehörde oder an der von ihr bestimmten Stelle die Aufsichtsbehörde zuständig.

Umstellung von Versicherungsvereinen auf Gegenseitigkeit.

§ 57.

Übersteigt bei einem Versicherungsverein auf Gegenseitigkeit das bei der Aufstellung der Eröffnungsbilanz sich ergebende Vermögen die Schulden, so ist der Überschuß in Reserve zu stellen.

Ergibt sich bei der Aufstellung der Eröffnungsbilanz eine Überschuldung, so ist über ihre Beseitigung gleichzeitig mit der Genehmigung der Eröffnungsbilanz vom obersten Organ Beschluß zu fassen.

Der noch nicht getilgte Betrag des Gründungsfonds darf höchstens insoweit als Schuld eingesetzt werden, als sich dadurch eine Überschuldung nicht ergibt.

Zu einer Beschlußfassung genügt einfache Stimmenmehrheit auch dann, wenn in der Satzung etwas andres bestimmt ist.

Die Beschlüsse bedürfen der Genehmigung der Aufsichtsbehörde und sind wirksam auch für bestehende Versicherungsverhältnisse.

Die Vorschriften des § 13 Abs. 1, 2 Satz 1, § 19 Abs. 1 der Verordnung über Goldbilanzen finden entsprechende Anwendung.

Kolonialgesellschaften und Gesellschaften mit Beziehungen zum Ausland.

§ 58.

Für Gesellschaften, denen nach § 11 des Schutzgebietsgesetzes in der Fassung der Bekanntmachung vom 10. September 1900 (RGBl. S. 813) die Rechtsfähigkeit verliehen ist (Kolonialgesellschaften), kann die zuständige Aufsichtsbehörde Ausnahmen von den Vorschriften der §§ 1—3 der Verordnung über Goldbilanzen zulassen. Sie kann auf der Grundlage der §§ 5—16, § 19 der Verordnung über Goldbilanzen die Umstellung solcher Gesellschaften auf Goldmark regeln.

§ 59.

Für Aktiengesellschaften, Kommanditgesellschaften auf Aktien und Gesellschaften mit beschränkter Haftung, die ihr Geschäft zu einem erheblichen Teil in oder mit den ehemaligen deutschen Schutzgebieten oder dem früher feindlichen Ausland betreiben oder von deren Vermögen sich erhebliche Teile dort befinden, kann die oberste Landesbehörde oder die von ihr bestimmte Stelle

1. anordnen, daß, solange die Gesellschaften einen regelmäßigen Geschäftsbetrieb nicht wieder aufgenommen haben, die Verpflichtungen aus der Verordnung über Goldbilanzen und den Durchführungsverordnungen ganz oder teilweise ruhen;

2. für den Fall der Wiederaufnahme des regelmäßigen Geschäftsbetriebs Ausnahmen von den Vorschriften der Verordnung über Goldbilanzen und den Durchführungsverordnungen zulassen.

Teil III.

Übergangsrecht.

§ 60.

Die Verordnung tritt mit dem Tage der Verkündung (28. März 1924) in Kraft. Die erste Verordnung zur Durchführung der Verordnung über Goldbilanzen vom 5. Februar 1924 (RGBl. I S. 49) und die Vorschriften der §§ 3—5 der zweiten Durchführungsbestimmungen zur Rentenbankverordnung vom 17. Dezember 1923 (RGBl. I S. 1243) treten außer Kraft.

Vor dem Inkrafttreten dieser Verordnung gefaßte Beschlüsse der Generalversammlung (Gesellschafterversammlung) über die Umstellung, die den Vorschriften dieser Verordnung nicht entsprechen, dürfen nicht durchgeführt werden; ihre Eintragung findet nicht statt. Dieses gilt nicht, soweit die Vorschriften nicht zwingenden Rechtes sind und der Beschluß nicht oder nicht mit Erfolg angefochten ist. Im Fall des Satzes 2 gilt der Beschluß selbst dann als gültig, wenn er nach der ersten Verordnung zur Durchführung der Verordnung über Goldbilanzen vom 5. Februar 1924 (RGBl. I S. 49) nichtig wäre.

Hiermit sind die unterm 28. März 1924 veröffentlichten Durchführungsbestimmungen zur Verordnung über Goldbilanzen vom 28. Dezember 1923 vollständig zum Abdruck gebracht und, soweit es für den Zweck dieser Schrift erforderlich ist, mehr oder weniger auch besprochen.

Im allgemeinen wird anerkannt werden müssen, daß Unklarheiten, die auf Grund der Verordnung über Goldbilanzen in erheblichem Umfang und in wichtigen Punkten entstanden waren (vgl. darüber die Ausführungen auf S. 22), mit den Durchführungsbestimmungen vom 28. März 1924 beseitigt sind. Trotzdem wird bei der außerordentlichen Bedeutung der Umstellungsvorgänge die praktische Anwendung der Bestimmungen noch manche Änderung oder Ergänzung zur Folge haben. Schließlich wird es darauf ankommen, daß das Umstellungsverfahren in seiner Gesamtheit dem schwerbedrückten deutschen Wirtschaftsleben zum Segen gereicht.

Buchhaltung und Bilanz auf wirtschaftlicher, rechtlicher und mathematischer Grundlage für Juristen, Ingenieure, Kaufleute und Studierende der Privatwirtschaftslehre mit Anhängen über „Bilanzverschleierung" und „Teuerung, Geldentwertung und Bilanz". Von Professor Dr. hon. c. **Johann Friedrich Schär,** Berlin. Fünfte, durchgesehene und erweiterte Auflage. (XXIV u. 496 S.) 1922.
Gebunden 15 Goldmark / Gebunden 3.60 Dollar

Die systematische (doppelte) Buchführung. Grundlage, System und Technik. Von **Max Schau,** Diplomhandelslehrer an der Staatlichen Handelsschule und Dozent am Technischen Vorlesungswesen und der Volkshochschule zu Hamburg. Mit 2 Tafeln. (VII u. 103 S.) 1923.
2 Goldmark / 0.50 Dollar

Die Technik des Bankbetriebes. Ein Hand- und Lehrbuch des praktischen Bank- und Börsenwesens. Von **Bruno Buchwald.** Achte, vollständig umgearbeitete Auflage. (VIII u. 600 S.) 1924.
Gebunden 10.50 Goldmark / Gebunden 2.75 Dollar

Der Verkehr mit der Bank. Eine Anleitung zur Benutzung des Bankkontos, zur Prüfung von Wechsel-, Effekten- und Devisenabrechnungen sowie Kontoauszügen nebst Zins- und Provisionsberechnungen. Von Bankprokurist **Wilhelm Schmidt.** Zweite, vermehrte Auflage. (IV u. 72 S.) 1922.
1.20 Goldmark / 0.30 Dollar

Bank- und finanzwirtschaftliche Abhandlungen. Herausgegeben von Professor Dr. **W. Prion,** Köln.

Erstes Heft: **Die Verwendung maschineller Hilfsmittel im Bankbetrieb.** Von Dr. **Joh. Diedrichs,** Diplom-Kaufmann. (VIII u. 58 S.) 1923.
2 Goldmark / 0.50 Dollar

Zweites Heft: **Der Filialbetrieb der deutschen Kreditbanken.** Von Dr. **Math. Göbbels.** (66 S.) 1923.
2 Goldmark / 0.50 Dollar

Drittes Heft: **Die Abwicklung des Devisengeschäftes im Bankbetrieb.** Von Dr. **Max Krawinkel.**
Erscheint im Frühjahr 1924

Viertes Heft: **Das Devisentermingeschäft.** Von Dr. **Joachim Vogel.**
Erscheint im Frühjahr 1924

Erträgnisse deutscher Aktiengesellschaften vor und nach dem Kriege. Mit Überblick über die neueste Entwicklung. Von Dr. jur. et phil. Frhr. **Otto von Mering,** Privatdozent an der Handelshochschule Berlin. (V u. 149 S.) 1923.
5 Goldmark / 1.20 Dollar

Der Aufbau der Eisen- und eisenverarbeitenden Industrie-Konzerne Deutschlands. Ursachen, Formen und Wirkungen des Zusammenschlusses unter besonderer Berücksichtigung der Maschinen-Industrie. Von Dr.-Ing. **Arnold Troß.** (VIII u. 221 S.) 1923.
8 Goldmark / 1.95 Dollar

GPSR Compliance

The European Union's (EU) General Product Safety Regulation (GPSR) is a set of rules that requires consumer products to be safe and our obligations to ensure this.

If you have any concerns about our products, you can contact us on ProductSafety@springernature.com

In case Publisher is established outside the EU, the EU authorized representative is:

Springer Nature Customer Service Center GmbH
Europaplatz 3
69115 Heidelberg, Germany

Batch number: 10844827

Printed by Printforce, the Netherlands